Lettre ouverte au ministre de l'Éducation nationale

Charlotte Magri

Lettre ouverte au ministre de l'Éducation nationale

Stock

Ouvrage publié sous la direction de
François Azouvi

Les situations décrites dans ce livre n'ont pas été inventées,
mais vécues. Par respect pour les personnes concernées, tous
les noms et prénoms ont été modifiés, ainsi que certains
éléments de contexte.

Couverture Les Belles Pages

ISBN 978-2-234-08184-0

La décadence d'une société commence quand l'homme se demande : « Que va-t-il arriver ? » au lieu de se demander : « Que puis-je faire ? »

Denis de Rougemont

Nous vivons dans une impunité ambiante, et le meilleur moyen de ne pas finir en victime, c'est d'être soi-même le bourreau.

Parole d'une ancienne élève harceleuse

Les choses les plus effrayantes dans les films d'horreur sont finalement celles qui pourraient vraiment vous arriver. Et pour Buffy, le lieu était tout trouvé : qu'y a-t-il de plus effrayant qu'une école ?

Sarah Michelle Gellar

Préambule

« L'éducation est la première priorité nationale. Le service public de l'éducation est conçu et organisé en fonction des élèves et des étudiants. Il contribue à l'égalité des chances et à lutter contre les inégalités sociales et territoriales en matière de réussite scolaire et éducative. [...] Outre la transmission des connaissances, la Nation fixe comme mission première à l'école de faire partager aux élèves les valeurs de la République. »

Vous venez de lire le début de l'article 1 du Code de l'éducation. C'est beau. C'est grand. C'est la France telle qu'elle se raconte. C'est la « tâche exaltante » que notre ministre se reconnaît. Enseignante en primaire depuis une dizaine d'années, je pose le constat inverse. Ces mots racontent une belle histoire, mais ils mentent.

Nos textes de loi comme nos discours politiques masquent et légitiment une réalité sinistrée et maltraitante. Et nous acceptons tacitement que nos enfants ne méritent ni présent décent ni perspective d'émancipation.

À la dérive de nos pratiques démocratiques et solidaires répond un système scolaire qui cultive la souffrance. Ceci n'est pas une opinion. Ceci est un constat. Rangeons-nous deux par deux et suivez-moi de cours de récréation en salles de classe avant que nous prenions le temps d'y réfléchir.

Il était une fois une jeune enseignante en primaire qui voulait faire son métier...

À l'école de la République :
morceaux choisis d'un parcours
d'enseignante

Rien de moins qu'une contre-narration.
Christian Salmon, *Storytelling, la machine*
à fabriquer des histoires et à formater les esprits

Le baptême du feu

Je suis seule, face à la cour de récréation vide. Demain, des enfants que je ne connais pas la rempliront de leurs cris et de leurs galopades, avec l'énergie brute propre à leur âge. Petits êtres humains à la fois fragiles et despotiques. Je vais devenir responsable de leurs petites misères et grandes tragédies, quelques heures par jour.

Je viens de vivre la première d'une série interminable de réunions entre enseignants : la réunion de prérentrée, que j'imaginais en bonne Candide comme un temps fort, celui de la relance d'un projet professionnel commun, coordonné et

11

structuré. En réalité, on boit du café, on raconte un peu ses vacances puis le directeur lance : « Cest pas tout, ça, mais va falloir qu'on s'y mette. » Il commence alors à égrener un ordre du jour rituel sans recevoir plus qu'une attention aléatoire et très mesurée. Attitude qui me surprend d'autant plus qu'elle serait sanctionnée dans une salle de classe. Certains d'entre nous discutent plus ou moins discrètement, se montrant des photos de plages et de bikinis sur leurs portables. D'autres préparent les pages de garde des cahiers de leurs futures ouailles. D'autres encore remplissent gravement des feuillets administratifs très sérieux dont j'ignore totalement l'existence comme l'utilité, et ça me panique un peu. Au-delà de ces détails qui pourraient bien être complètement anodins, je suis surprise de ne pas sentir d'intention commune. Personne n'a l'air de considérer que l'enjeu de cette réunion est autre que formel. Pas de volonté de travailler ensemble à un *projet d'école*. Ma naïveté sera vite informée de la véritable définition de cette expression :

Projet d'école, loc. masc. : Dossier relié, dont la rédaction est un pensum à renouveler tous les quatre ans, que tu trouveras dans le troisième tiroir du meuble à droite dans le bureau du directeur, le jour où tu en auras besoin pour préparer ton inspection.

Une fois cette réunion achevée, mes nouveaux collègues partent un à un vaquer à leurs occupations, avec la tranquillité débonnaire et indifférente de la routine. Moi, je ne vois pas quoi faire de plus. J'ai déjà passé l'essentiel du mois d'août à préparer ma classe et si je me doute bien que quelques éléments importants doivent m'échapper, je ne vois pas vraiment lesquels. En fait, je suis passée à côté de l'essentiel, mais je ne le sais pas encore.

Les bras ballants face à ces professionnels aguerris qui se racontent des blagues complices entre photocopieuse et plastifieuse, je me sens désœuvrée. Je n'aime pas certains regards sur moi qui me placent clairement dans le rôle bien identifié du collègue débutant. Rôle le plus souvent attribué à une jeune femme. Suivant les années, ladite jeune femme est soit :

a) un peu inquiète voire complètement épouvantée à l'idée de se retrouver avec des élèves de cité, dans un contexte le plus souvent sans aucun rapport avec les milieux socioculturels qu'elle connaît déjà ;

b) pleine d'illusions démesurées parce qu'elle a choisi ce poste et s'imagine encore qu'on peut débarquer la fleur au fusil pour faire de belles choses dans *ces écoles-là*.

J'appartiens à la seconde catégorie, moins fréquente il me semble, mais assez amusante en tant que sujet d'observation. Quelle que soit la catégorie où ils vous classent, les collègues sont convaincus qu'ils verront avant peu votre rimmel étalé sous vos yeux de plus en plus cernés. J'ignore encore tout ça, mais je perçois dans leurs regards une lueur vaguement amusée, vaguement inquiète. Et surtout, la certitude que rien ne peut me préparer à ce qui va m'arriver : il va falloir que je m'en prenne plein les dents, comme tout le monde, et après on pourra parler.

Je suis sortie fumer une cigarette et je me demande comment seront ces enfants terribles dont on m'a déjà tant parlé, à l'IUFM et ailleurs. L'école entre dans les dispositifs de l'éducation prioritaire, mieux, elle est classée « Ambition réussite ». Je n'ai pas encore beaucoup d'expérience dans l'Éducation nationale mais j'ai déjà traduit.

Ambition réussite, loc. fém. : Labellisation passée de mode réservée aux établissements pour lesquels un constat d'échec est posé.

Je suis fébrile, baignée dans un mélange d'appréhension et d'impatience. C'est ma première véritable rentrée scolaire en tant qu'enseignante.

Le lendemain, après une nuit lourde et peu reposante, j'attends mes élèves de pied ferme dans la cour. Nous montons, à peu près rangés. Les élèves entrent en classe et s'installent. Ils sont plutôt calmes. Ils me regardent et attendent que je parle. Bien. Ça a l'air de bien démarrer.

Je commence par me présenter rapidement. J'écris mon prénom et mon nom au tableau et je m'aperçois que je n'ai pas écrit droit, mon patronyme s'étale dans une dysharmonie et un déséquilibre tels qu'il me semble que mon inexpérience doit leur sauter aux yeux. J'essaye ensuite d'exposer ce que j'attends d'eux pour cette année. Je prends conscience que je n'avais pas anticipé certaines formulations, que mon discours est trop théorique pour leur être accessible. Je m'embrouille un peu, décontenancée par leurs prises de parole intempestives et par l'absence d'intérêt que même les plus silencieux ont l'air de porter à mes propos. Je sens confusément que je les perds déjà. Je leur propose ensuite de se présenter à tour de rôle, comme ils le souhaitent. Les rires et les moqueries ne tardent pas à fuser.

Quasiment tous mes élèves habitent la même cité. Une cité peu étendue et excentrée, qui fonctionne plutôt en vase clos. Beaucoup ont des liens de parenté plus ou moins proches, comme en témoigne le cahier d'appel, plus que redondant. L'exercice n'a donc aucun sens pour eux, en tout cas pas dans la forme, par ailleurs bien trop floue, que je leur propose. Ce qui se voulait être

15

un temps de rencontre convivial et chaleureux se transforme vite en une série de performances égotiques. Certains donnent dans le one-man-show provocateur : « Je m'appelle Isaïe, je suis en CE2, j'ai 18 ans et je suis champion de catch », ou encore : « Je suis Abraham, j'ai pas besoin de me présenter, tout le monde il me connaît, je suis le plus beau à la cité. » J'ai aussi droit au tour de passe-passe prévisible traditionnellement réservé aux enseignants remplaçants : on se présente sous le nom d'un autre élève de la classe, hilarité générale garantie. Mais cette usurpation permet aussi des moqueries déplacées envers d'autres élèves. Je perçois le malaise et la souffrance des enfants pris pour cible et je tente de recadrer, mais *on* ne m'écoute déjà plus. Le bruyant collectif d'enfants auquel je tente de faire face est en train de se dissoudre. Cherchant sa propre survie en tant que groupe, il se soude contre cette maîtresse pas crédible pour deux sous, dans une provocation tantôt joyeuse, tantôt hystérique, souvent agressive. L'ambiance est de plus en plus tendue. Les plus timides commencent à perdre de leur sérénité. Nous sommes en classe depuis à peine un quart d'heure et c'est le feu.

Il me faudra quatre mois pour éteindre l'incendie. Je parviendrai seulement début janvier à poser mon cadre et à mettre réellement mes élèves au travail. Entre-temps, j'ai tenté de survivre dans un état cotonneux, à une série de situations cauchemardesques.

Je me souviens d'un vertige violent, un brusque éclair de lucidité où je me surprends les deux bras en l'air, tenant fermement dans ma main droite la cheville d'un élève, dans la gauche, son poignet. Le petit d'une dizaine d'années ainsi suspendu, se débat et s'agite. Je viens de mettre fin à une bagarre d'une rare violence, récoltant plusieurs bleus qui mettront des semaines à disparaître.

Je me souviens d'un intense moment de solitude et d'abattement, dans la cour de récréation, seule depuis presque dix minutes à l'endroit où aurait dû se tenir mon rang dès le déclenchement de la sonnerie. Tous les élèves de l'école sont déjà remontés en classe en suivant leurs enseignants. Mes élèves hurlent, dansent, courent partout et, pour certains, se battent violemment, affichant une attitude provocatrice complètement hystérique. Je ne sais plus quoi faire, ni où est l'urgence. Les rassembler alors qu'ils ne répondent pas à mes appels et s'éloignent quand je m'approche ? Sanctionner ce groupe de filles qui avance en ligne soudée, bras dessus bras dessous, chantant à tue-tête et me toisant d'un air de défi belliqueux ? Me concentrer sur la bagarre qui dégénère et risque d'occasionner des blessures à soigner ? Trouver quelque chose d'intelligent à dire aux quelques moineaux hésitants qui se sont présentés à temps ? Ils me regardent en se balançant d'un pied sur l'autre à quelques pas de moi, l'air incrédule et désabusé...

Je me souviens d'un nombre incalculable de séances pour lesquelles j'ai travaillé tard dans la nuit, ou bien tout mon dimanche, et dont la préparation ne m'a jamais été d'aucune utilité puisque je n'ai pas pu les mener comme prévu.

Je me souviens de l'angoisse à chaque montée en classe. Je retenais mon souffle de peur qu'une bagarre n'éclate dans l'escalier ou dans le couloir. Les bagarres éclataient souvent.

Je me souviens de ma satisfaction et de mon soulagement quand je pouvais obtenir quelques minutes de vie de classe calme et studieuse. De l'amertume de ces moments de basculement où, en un battement de cils, la spirale des provocations et de la violence reprenait, me laissant désarmée. Désarmée, dépassée et pourtant toujours là, et toujours responsable de ces interactions qui me désolaient.

Je me souviens qu'à l'occasion d'un stage de deux jours auquel j'avais été convoquée d'office, trois remplaçants s'étaient succédé dans ma classe. Le premier avait reçu des chaises lancées par les élèves, la suivante avait fini en larmes, la dernière avait réussi à tenir une journée entière.

Je me souviens de mon désespoir, un soir que je pleurais seule sur le parking de l'école après une énième journée atroce. Un collègue a passé la tête par la fenêtre de sa classe pour me dire : « Ne t'inquiète pas, c'est normal, on a tous débuté comme ça. Tu sais, moi, ma première année, je n'ai pas réussi à faire une seule séance de maths avant les vacances de Noël. Il faut faire le deuil du pédagogique dans un premier temps. Ça viendra après. » C'était la première fois que j'entendais cette fameuse formule à laquelle je ne me fais toujours pas. La première étape pour enseigner serait de faire le deuil du pédagogique.

Étais-je donc nulle ? Est-ce que je m'étais trompée de métier ?

J'avais bénéficié, une fois mon concours obtenu, d'une année de formation théorique sur les bancs de l'IUFM, assortie de plusieurs stages. Ces stages étaient soumis à la validation de différents formateurs, et les conclusions de mes comptes rendus de visite ne mentionnaient rien d'alarmant me concernant. On me décrivait par exemple comme « dynamique et motivée », sachant « faire preuve d'originalité dans [mes] activités pour motiver tous [mes] élèves ». Dans le même rapport de décembre 2006 qui concernait un stage de trois semaines en responsabilité, la formatrice ne semblait pas douter de mes compétences d'enseignante : « Très à l'aise dans la classe. Très bon contact. Autorité naturelle, attentive à tous. » Il s'agissait d'une classe de CM1-CM2 dans une école de village. Deux mois plus tard, je termine un stage de pratique accompagnée avec une classe de grande section-CP. La formatrice note dans son rapport qu'elle a pu « observer, dans toutes les activités menées par Mlle Magri, le souci d'instaurer avec les élèves une relation à la fois respectueuse, bienveillante et cadrée ». Elle note également « le travail sérieux de préparation des activités », et conclut « Je ne peux qu'encourager Mlle Charlotte Magri à poursuivre sa formation professionnelle avec les mêmes qualités de dynamisme, d'enthousiasme et de réflexion. » La lecture de ces rapports ne semble pas indiquer que je me sois trompée de vocation, ni que j'aie pu manquer des compétences nécessaires à l'enseignement.

Il me fallait pourtant bien admettre que mes premiers pas étaient un fiasco total. Où diable était donc passée mon « autorité naturelle » ?

Quoi qu'il en soit, les collègues avaient eu raison. J'allais devoir passer au rimmel waterproof et investir dans de l'anticerne. J'ai plutôt choisi l'option teint blafard naturel et cheveux gras.

Les mois suivants ont été une lutte de chaque instant pour récupérer ma classe. Oui, de chaque instant. J'entends soupirer les collègues qui savent très bien de quoi je parle, et rire sous cape les incrédules. Quand je n'étais pas en classe, j'étais assise derrière ce bureau devenu l'unique meuble utile de ma chambre, quand je ne préparais pas mes séances je revoyais mon emploi du temps, quand je ne modifiais pas mes programmations je revoyais mon système de sanctions, quand je ne corrigeais pas de cahiers, je relisais des ouvrages du type *Enseigner pour les Nuls,* quand je ne m'inquiétais pas pour un de mes élèves, c'était pour l'avenir de ma classe entière, quand j'avais fini de remplir un dossier de signalement social, j'établissais les statistiques des absences de mes élèves, si je m'ennuyais je remplissais des PPRE[1] ou des PAI[2]. Au milieu de tout ça, j'avais bien entendu démissionné de ma vie personnelle complètement flétrie, et je dormais quand j'avais le temps. De toute façon, je dormais très mal, alors à quoi bon ?

Quand je parvenais à me socialiser, je frisais l'arrêt cardiaque de colère rentrée.

– Je suis enseignante.

– Hein ? C'est-à-dire ?

– Professeure des écoles.

– ?

– Instit', quoi.

– Ah... Ben ça va, t'as trouvé la bonne planque. Trois mois de vacances, c'est cool. Dans le primaire, en plus ? Avec les petits... Tranquille, ils

---

1. Programme personnalisé de réussite éducative.
2. Projet d'accueil individualisé.

sont mignons à cet âge-là. J'ai ma sœur/cousine/voisine/grand-tante/ou autre qui est instit' elle aussi, en maternelle à Trifouilly-les-Oies. C'est vrai que vous avez vachement de chance avec tout ce temps libre. Nan, mais faut être honnête quand même : travailler vingt-quatre heures par semaine, c'est un p... de privilège. Ah bon, tu es fatiguée alors que la rentrée était il y a à peine un mois ? En même temps, c'est normal : après deux mois de vacances, ça doit être dur de remettre le réveil quatre jours par semaine. T'as perdu l'habitude.

Mon bulletin de visite d'accompagnement du mardi 1er avril 2008 se conclura ainsi :

« Les premiers pas d'enseignant de Mlle Magri peuvent être assimilés à un baptême du feu. À l'étage de l'école maternelle, encadrée géographiquement par 2 collègues de cycle 3 qui fonctionnent par paire et par une CLIS, la jeune collègue n'a pu s'appuyer sur un véritable travail d'équipe.

« Si les débuts ont été difficiles, voire certains jours épouvantables, le travail, la volonté de compréhension et un gros investissement ont permis à la collègue de relever le défi proposé et d'exercer aujourd'hui son métier d'enseignante à part entière dans une vraie classe.

« Beaucoup d'intelligence et de ténacité.

« Il faut continuer en insistant maintenant, la partie gestion et relation étant très avancée, sur une préparation écrite aussi solide.

« Débuts très encourageants. »

Je vous donne ma version :

« Cette rentrée a été effroyable. L'équipe ne m'a pas aidée.

« C'était très mal parti mais vu que j'ai bossé comme un âne et que je sais me remettre en question, j'ai finalement réussi à donner corps à ma classe et à en devenir la maîtresse. Heureusement que j'ai un cerveau et que je suis coriace. Maintenant on va me demander de fournir à l'institution les papiers qui prouvent ce qu'elle constate déjà. Je ne le ferai pas.

« J'espère que le plus dur est derrière. »

À ma demande, j'ai été reconduite sur ce poste l'année suivante. J'ai donc été deux années durant la maîtresse de cette classe à triple niveau, CE2-CM1-CM2, dans une école de la banlieue de Perpignan. Deux années intenses. Deux années merveilleuses, car mes élèves, une fois cadrés, ont appris à me faire confiance, et j'ai eu la chance de les voir progresser aussi bien dans les apprentissages que dans leur rapport aux autres et à l'école. Mais aussi deux années dramatiques et épuisantes. Quelques années plus tôt, j'avais travaillé plusieurs mois avec des enfants des rues pour une ONG à Calcutta. Nous allions les chercher dans la rue, le plus souvent à la gare de Howrah où survit toute une population en bout de quai, au milieu des détritus. À grand renfort de morceaux de savon, de vêtements de deuxième main et de conversations rendues difficiles par l'inhalation intensive de colle à laquelle beaucoup de gamins étaient accros, nous essayions de les convaincre de venir habiter notre foyer. Les nourrir, les soigner, leur faire prendre ou reprendre le chemin de l'école.

Le constat reste très amer : de ces deux expériences, la plus dure et la plus désespérante est celle que j'ai vécue à l'école de la République, dans mon pays *riche* et *développé*. Mes élèves semblaient avoir très peu d'avenir. Le running-gag déconfit des anciens de l'école était d'ailleurs le suivant : « Dans la plupart des écoles, tu es heureux quand tu croises un ancien élève des années plus tard et qu'il est devenu médecin, avocat ou enseignant. Chez nous, tu es heureux quand tu croises un ancien élève des années plus tard et qu'il est... vivant, et pas en taule. »

À l'issue de ces deux années, je demande une mise en disponibilité, qui me sera accordée. Pendant trois ans, je ne vais plus à l'école et je gagne donc ma vie par d'autres moyens.

Pauv' prof de merde

Je suis maintenant *brigade,* comprenez remplaçante, à Marseille. Chaque jour ou presque, une nouvelle école m'attend. Il m'arrive de prendre en charge une centaine d'élèves dans une même semaine. Un enseignant brigade est théoriquement rattaché pour l'année scolaire à une circonscription particulière, qui délimite son secteur d'intervention. Personnellement, entre septembre 2012 et juillet 2013 j'ai sillonné quatre *circos* différentes, des Catalans à La Capelette, de Saint-Just à Sainte-Marguerite, en passant par Le Panier, Belsunce ou Noailles, je sillonne la ville armée de mon plan surchargé d'annotations et de ma mallette de remplaçante multicarte.

Pendant une même année scolaire, j'ai eu des élèves âgés de trois à dix-sept ans. Beaucoup de mes remplacements ont eu lieu en ZEP. J'avais à ce moment-là suffisamment d'expérience pour poser mon cadre assez efficacement. Pédagogiquement, les missions étaient souvent trop courtes pour développer un travail précis de différenciation avec les élèves. Alors j'ai observé, avec d'autant plus de distance, la vertigineuse disparité des ambiances, des moyens matériels et du niveau d'entretien, d'une école à l'autre.

Mais ce matin-là en particulier, je n'observe pas d'un air distancié. Je suis en pleine concentration, et toutes antennes dehors je me sens sur le fil du rasoir. Je suis pour la première fois avec mes 4e B, en arts et histoire des arts, de 10 heures à midi. C'est mon deuxième jour dans ce collège. Je remplace une collègue dont le poste en SEGPA est vacant depuis plus de deux mois. Suivant les collèges et les disciplines enseignées, les enseignants de SEGPA peuvent relever du premier comme du second degré, d'où ma présence dans ce collège. La SEGPA m'a été présentée à l'IUFM comme une classe à effectif réduit destinée aux collégiens souffrant de retards d'apprentissage importants. J'ai pu rapidement établir une définition plus adaptée, à l'occasion de ce remplacement et de discussions avec des collègues plus aguerris.

SEGPA, acronyme fém. : Section d'enseignement général et professionnel adapté. Dispositif de l'enseignement spécialisé presque exclusivement réservé aux enfants issus de milieux sociaux défavorisés, la SEGPA est fréquemment détournée en classe poubelle, permettant d'exclure du paysage scolaire ordinaire les adolescents considérés comme gênants, tout en ayant l'air de les intégrer. Pour cette raison, les enseignants ne se bousculent généralement pas et les postes sont donc souvent attribués à des collègues qui n'en veulent pas. Ou pas attribués du tout, d'ailleurs.

Si l'enseignante titulaire est en arrêt maladie, c'est, selon l'équipe, parce que « les élèves l'ont poussée à bout ». Les rares remplaçants qui ont osé se présenter ont rapidement craqué. Je sais que les élèves m'attendent au tournant. Je ne connais pas encore les 4ᵉ B, mais j'en ai beaucoup entendu parler en salle des profs. Et pas en bien. Les classes de SEGPA ont rarement bonne réputation en salle des profs, il faut bien l'admettre, mais ces élèves-là m'ont été présentés comme spécialement ingérables. Ma journée de la veille comme la séance précédente avec les 3ᵉ A, en histoire-géographie, s'étaient plutôt bien passées. Je me glisse dans mon personnage de monstre froid pour ne pas afficher d'entrée de jeu mon empathie galopante et ma sensibilité démesurée. Conformément aux précieux conseils d'une collègue, je me tiens à la porte de la salle : je fais entrer les élèves un par un, leur indiquant la place où ils doivent s'asseoir. Je veille ainsi à ce que tous entrent en silence, je sépare à vue de nez les potentiels réactifs des catalyseurs et je ramasse chaque carnet de liaison au passage. Surveiller et punir : je me fais l'effet désagréable d'un maton. J'espère pouvoir dépasser ce stade avec eux plus tard.

Après la traditionnelle petite fiche de présentation, nous entamons notre séquence pédagogique sur le portrait. Aujourd'hui, c'est Louis XIV qui ouvre la danse, en costume de sacre, par Hyacinthe Rigaud. À ma grande surprise, à part Nawal et Jessica qui cherchent les limites dans un dégagement d'énergie assez brutal, les choses se déroulent assez bien. Je les recadre plusieurs fois, mais sans avoir à exprimer autre chose que de la fermeté, obtenant une ambiance plutôt posée pendant le temps de travail individuel silencieux, à partir du court dossier présentant l'œuvre et son contexte que je leur ai préparé. Puis j'encadre un petit temps d'oral collectif. Nous parvenons à quelques minutes d'échanges relativement pertinents et structurés. Je n'en espérais pas tant pour une première séance.

Puis les propos se relâchent et l'attention se dissout. Pendant que Rayan explique sans trop de conviction pourquoi le tableau ne lui plaît pas, je sais que Jessica est déjà en train de réfléchir à la manière dont elle pourrait mobiliser sur elle les attentions en train de se disperser. Je vois Bernard en flagrant délit d'évasion mentale, Dalila qui retient un bâillement d'ennui, pendant que Jonas se passionne pour le mécanisme de son stylo quatre couleurs du futur. Je décide de passer à la deuxième partie du cours.

La deuxième heure est consacrée à la production plastique. Je leur demande de détourner le portrait étudié, avec différents supports qui leur permettent de travailler au choix le collage ou le dessin. Pour les plus rapides, j'ai prévu une série de lanceurs graphiques (dessins à terminer, dessins par étape, constructions géométriques, etc.), en espérant que cela nourrira leur concentration pour terminer la séance sereinement. Une fois que les consignes ont bien été exposées et reprécisées, j'impose aux élèves de travailler en silence. Les chuchotements ne sont pas autorisés. Bien entendu, quelques petits malins testent, y compris à voix haute, et je dois encore recadrer. Puis finalement, seuls les petits bruits feutrés des ciseaux qui coupent et des crayons qui frottent ornent un silence complet. Je me détends un peu. Et là… je prends conscience du brouhaha montant qui nous parvient de la classe d'à côté. Je tends l'oreille au bruit de fond qui traverse la porte séparant les deux salles.

La rumeur enfle et se fait vacarme. Des éclats de voix, des bruits de chocs violents se font distinctement entendre. Mes élèves n'ont pas l'air surpris, c'est à peine s'ils lèvent le nez. Je suis sidérée et terrifiée par ce que raconte cette bande-son. « Va te faire foutre », « C'est bon, m'sieur, c'est lui qu'a commencé, vous me faites chier », ou encore « T'as qu'à y aller toi-même chez la

CPE, pauv' prof de merde », ce genre de gazouillis bienveillant est entrecoupé de bruits de chute. Quels peuvent être ces objets, apparemment plutôt lourds, qu'on entend voler en travers de la salle ? Pas du mobilier, tout de même ? J'entends le collègue qui répond sans hausser le ton, d'une voix à la fois douce et morne : « Allons, les enfants, calmez-vous. Mais non, je ne veux pas dire que c'est ta faute, Mounir. Mais je m'attends à un autre comportement de ta part après la discussion que nous avons eue la semaine dernière déjà. Et, Laura, tu ne peux pas parler comme ça aux adultes, tu le sais. Nous en avons déjà parlé, je pensais vraiment que tu avais compris. Tu dois apprendre à t'exprimer correctement. Tu sais, dans le monde du travail... » Je reconnais les voix et les prénoms des 3ᵉ A que j'ai eus plus tôt dans la matinée.

Le professeur de mathématiques finit par passer un film, après plus d'une demi-heure de chaos. La scène se répétera, avec quelques nuances fleuries dans les quolibets, chaque semaine à la même heure, pendant toute la durée de mon remplacement.

La veille, dans le réfectoire réservé aux profs, je m'étais sentie comme une niaise oie blanche face à ce collègue qui avait plus de dix ans d'expérience en SEGPA, et qui roulait un peu des mécaniques, tel un vétéran décoré, devant la jeune femme que j'étais.

Il aurait été déplacé, ridicule, grossier de ma part d'intervenir dans sa classe. Pour autant, à entendre ce qu'il s'y passait, le danger était bien réel que la situation tourne au drame et il m'était difficile de ne rien faire.

Lorsque je le croise au détour d'un couloir, quelques jours plus tard, il m'assure que tout se passe bien pour lui. Je tâte le terrain du côté des autres collègues. Le reste de l'équipe est parfaitement au courant de ses *difficultés* mais aussi de sa ferme intention de ne pas les ébruiter. Intention qu'ils respectent. C'est apparemment dans l'ordre des choses, comme tant d'autres situations terribles face auxquelles on ne peut malheureusement rien faire.

Nombres et différences

Plus tard, la même année scolaire, dans une école primaire. Le printemps est arrivé, enfants et adultes s'égaillent dans une jolie cour. L'école est toute proprette, j'apprécie. Il y a même de beaux arbres dans la cour de récréation, ils sont correctement élagués. Cerise sur le gâteau, après des mois à passer en moyenne trois heures par jour dans les transports en commun, je peux venir travailler à pied. Je termine cette année avec la classe de CE2 d'une collègue partie en congé maternité, heureuse de ce remplacement long. Je vais pouvoir connaître mes élèves et monter des projets avec eux, de quoi compenser la frustration pédagogique générée par les remplacements à la journée. Mais je ne m'attends pas non plus à une partie de plaisir, la collègue ayant été régulièrement absente cette année-là sans être systématiquement remplacée. Les élèves ont pris du retard sur le programme et je m'attends à une ambiance de classe un peu délétère.

J'ai trente élèves. Il faut avouer que je ne suis pas habituée à me couper en trente. Sur les trente, certains élèves comptent triple, car ils réclament péremptoirement trois fois plus d'attention que les autres, et ce, dès le premier jour.

Je remarque Alexandre avant même que le rang ne soit formé pour monter en classe. Un électron libre, évaporé, qui sillonne la cour en zigzaguant tel un papillon amnésique. Très souriant et très mignon, il fait preuve d'un type de désobéissance subtil : la désobéissance involontaire de l'élève qui oublie, qui plane, qui ne se sent sincèrement pas concerné. Rêveur et très solitaire, issu d'une famille qui a traversé pas mal de tourmentes intimes, il a été diagnostiqué comme souffrant d'un trouble attentionnel. Le dossier d'Alexandre souligne la nécessité de la présence d'une AVS[1] à temps plein pour qu'il puisse poursuivre sa scolarité, mais la demande formulée en équipe éducative n'a pas abouti. Extrêmement émotif, il est aussi particulièrement intelligent. Il limite à l'extrême ses interactions avec les autres élèves, et interagit avec les adultes comme le ferait un enfant de quatre ou cinq ans. Je comprends vite que les enjeux scolaires ne le concernent absolument pas. À neuf ans, il a déjà tout du décrocheur désabusé. Il passe ses journées à jouer avec son matériel de classe, les stylos se transformant suivant son humeur en griffes, en hélicoptère ou encore en sabre de Dark Vador. En permanence dans l'affect et doté d'un imaginaire débordant, il est très attachant. En tant qu'élève, il est extrêmement pénible puisqu'il ne filtre rien de son discours intérieur et assume parfaitement de mener sa contre-vie scolaire au sein de la classe. Tout ça ne le concerne simplement pas. Les autres élèves s'agacent rapidement de ses saillies qui les déconcentrent et de son comportement jugé régressif. Tous les autres, même les plus en difficulté, veulent paraître « grands ». « Bébé » est une insulte. Alexandre ne maîtrise toujours pas le tracé des lettres minuscules les plus courantes, ne parvient pas à recopier un seul mot sans erreur,

1. AVS : auxiliaire de vie scolaire.

mais lit avec beaucoup de fluidité pour un enfant de son âge.

Samir, lui, attend que nous soyons en classe pour se manifester. Prises de parole intempestives, commentaires acides et déplacés prononcés à voix haute. Je lui rappelle que le travail de la classe le concerne et l'invite à y prendre part. Apparemment, il en a perdu l'habitude et il n'est pas d'accord. Je ne le connais pas encore mais notre échange rêche ainsi que sa résistance active et pesante tout au long de la première journée laissent à penser que le chemin va être long pour le remettre au travail. Samir est en échec scolaire depuis son premier CP (il en a fait deux). Il ne sait ni lire ni écrire. Petit et très maigre, il a de grands yeux, très noirs et très cernés. Il porte des vêtements passablement usés et le contenu de sa trousse ressemble à son sac à goûter : une poche crasseuse et presque vide. Le genre d'élève que vous avez envie de prendre dans vos bras et d'emmener au restaurant. Il semble n'avoir aucun problème de compréhension, mais je décèle peu d'acquis scolaires stables sur lesquels construire. Son personnage d'élève s'est bâti avec la même méfiance, hermétique et dure, qu'il impose à chaque adulte qui croise son chemin. Avec les années, derrière la méfiance, commence à se profiler une certaine défiance qui frise la provocation. Scolairement, il n'a presque aucun acquis à préserver ; familialement, le soutien affectif de ses parents semble déjà lui manquer ; socialement, il est déjà rejeté par les autres. Il ne comprend plus grand-chose à ce qui se passe en classe et ne se sent plus concerné. En clair, il n'a plus rien à perdre, plus rien à sauver. Que fait-il alors ? Il cherche à mettre le bazar, bien sûr. Ses journées d'école sont ponctuées de désobéissances éhontées, donc de punitions, et de bagarres dans la cour de récréation, donc de punitions. En fait, il est toujours puni, me confirment les collègues.

Non loin de Samir, mais plus près de la fenêtre que du radiateur, Giovanni m'attend. Il lève la main avec une urgence telle qu'il risque de s'en décrocher le bras. Je viens de demander à mes nouveaux élèves de me raconter toutes les choses qu'ils ont déjà apprises en CE2 et je me réjouis de l'enthousiasme de ce petit blond potelé qui se tortille sur son siège à s'en luxer l'épaule. Je lui donne la parole. « C'est l'histoire d'une famille tomate et le bébé tomate, il est tout nu »... Voilà voilà. Giovanni a préparé un stock de blagues hilarantes pour m'accueillir. Il sera bien sûr très déçu de ne pas pouvoir les placer, et surtout très désœuvré. Il se débrouille mieux en écriture, mais même s'il connaît les lettres et parvient à encoder les sons un par un, il ne reconnaît aucun mot. Lire et écrire sont donc pour lui des actes laborieux et épuisants. Il lui faudrait un bilan orthophonique, je soupçonne une dyslexie lourde. Il est déjà en CE2 et rien n'a été mis en place avec la famille. Il est toujours souriant, et semble traverser la vie d'un pas débonnaire et amusé. Il n'est pas très assidu en classe et ne semble pas imaginer qu'il puisse y avoir d'autres enjeux à l'école que de se marrer avec les copains. D'ailleurs, la plupart de ses interventions en classe ne sont que boutades et effets de manche, même lorsqu'il ne donne pas volontairement dans le hors sujet. C'est peut-être lui qui a raison finalement, mais je ne pourrais jamais voir les choses avec autant de légèreté.

Juste devant moi, littéralement sous mon nez, une autre élève recherche éperdument mon attention. Elle aussi se tortille sur sa chaise, elle lève le doigt comme si sa vie en dépendait. D'ailleurs ce n'est pas le doigt qu'elle lève, mais tout son bras, et son buste, sa tête viennent avec, irrésistible ascension qui lui fait décoller les fesses de sa chaise à chacune de mes questions. Lila est brillante, jolie, bavarde. Son matériel et ses vêtements sont une exposition ambulante des produits dérivés les plus chers. Elle a toujours tout compris avant tout le monde, même quand ce n'est pas le cas. Très douée, elle a pris l'habitude de jouer les petites reines en classe et oublie parfois qu'elle n'est pas en tête-à-tête avec l'enseignant. À proprement parler, elle n'oublie pas les autres élèves, simplement, dans sa conception des choses de la vie, les autres représentent son public. Elle parle très fort, rit très fort et ne supporte pas la contradiction, même par l'adulte. Sensible, dynamique, dotée d'un humour fin et décapant, elle est elle aussi très attachante, mais très pénible pour la vie de la classe. Il lui est difficile de respecter les règles de prises de parole, elle fulmine ostensiblement quand l'enseignant répète la consigne pour la quatrième fois parce que tout le monde n'a pas encore compris, elle méprise les autres élèves et ne respecte pas les règles de vie commune. Elle pourrait être un vrai moteur pour la classe, mais son besoin permanent d'attention et de reconnaissance en font un frein. Elle aussi, à sa manière, a besoin d'une présence adulte renforcée pour prendre véritablement confiance en elle et se permettre de laisser les autres respirer le même air sans qu'elle se sente menacée. Nous avons un gros travail à faire ensemble, même si, pour l'instant, elle semble convaincue qu'elle n'a rien de plus à apprendre.

Voilà brossé à grands traits le portrait de quatre de mes élèves de ce mois de mai. Quatre élèves qui demandent de manière flagrante une présence et un accompagnement soutenus de ma part, et pour certains une différenciation des supports et des notions travaillés en classe plus proche d'une complète individualisation que de l'adaptation d'un corpus commun. Pourquoi vous avoir présenté ces quatre-là ? Parce que ce sont les élèves qui vous sautent aux yeux. Ce sont typiquement les quelques éléments dont les prénoms seront mémorisés dès 9 heures du matin par tout collègue qui vous remplacerait. Ce sont, tout aussi typiquement, les élèves que les autres enseignants identifient spontanément, même s'ils ne les ont jamais eus dans leur classe. « Ah, oui... Celui-là... » Sourcils levés et soupir. Vous êtes obligé de les prendre en compte parce que si vous ne le faites pas ils vous pourrissent la classe. Ces enfants ont besoin d'attention, d'accompagnement, mais leurs demandes manifestes pourraient leurrer votre professionnalisme en masquant les besoins silencieux mais non moins impérieux d'autres élèves.

Car en cette douce matinée de printemps, en plus de ces quatre élèves-là, vingt-six autres enfants sont face à moi dans cette salle. Ils me regardent avec tous leurs cinquante-deux yeux et ils attendent, ou espèrent. Ou alors n'attendent et n'espèrent plus rien mais il va falloir trouver le moyen de les mobiliser eux aussi. Vingt-six élèves donc, qui ont autant le droit à ma présence et à mon attention ; même si leurs problématiques sont moins évidentes ou moins gênantes pour le fonctionnement de ma classe, il serait injuste de ne pas être autant présente pour eux.

Chloé, par exemple. Je vais devoir attendre encore quelques heures pour vraiment la rencontrer. Chloé est très discrète et ne perturbe jamais la classe. Elle semble lire, écrire et compter correctement par rapport au niveau attendu à son âge, mais son bulletin scolaire est catastrophique. Elle ne comprend jamais ni les consignes, ni les leçons. C'est bien simple, la possibilité de rater quoi que ce soit la terrorise. À la première tâche à réaliser, une foule d'émotions indomptables s'invitent en elle, sarabande sauvage de craintes et d'anticipations. Le cerveau disjoncte. Impossible de se concentrer et de raisonner. Chloé se rend compte qu'elle perd ses moyens et se dit qu'elle ne va pas y arriver, ce qui confirme son appréhension de ne pas y arriver, et ainsi de suite. Elle aurait donc besoin d'être rassurée quasiment en permanence dans un premier temps. Elle demande en tout cas une présence et un étayage adultes intensifs, et une patience d'ange. Accessoirement, elle est aussi particulièrement sensible au climat général de la classe, toute tension la mettant dans un état excessivement difficile à vivre pour elle.

N'oublions pas Théo. Studieux, souriant, scolaire, serviable, discret, il est né pour être élève. Il a lui aussi pris l'habitude de s'ennuyer en classe. Comme Lila, il a tendance à comprendre tout plus vite que les copains, mais il a le bon goût de le garder pour lui. Ce que Lila appellerait sans doute utiliser son intelligence à ses dépens... C'est le drame silencieux de beaucoup d'élèves qui subissent leur journée de classe. Théo s'ennuie et c'est insupportable. Je pourrais aussi parler de Karim, très doué en maths mais lecteur très hésitant, de Mégane qui revient souvent en pleurs de la récréation pour de sombres histoires de billes, de Moinasafia, très discrète mais aussi très susceptible, de Liandro, qui oublie systématiquement son cahier de lecture à la maison, de Maria, Haydar, Christophe, Kathie... et pourquoi pas des seize autres, et pour chacun, de leur sensibilité, de leur potentiel et de leurs besoins d'apprentissage.

Nous sommes trente et un. Il y a trente enfants, un adulte, et tous les jours nous nous enfermons pendant six heures dans la même pièce. Les enfants sont assis et l'adulte s'agite.

J'ai théoriquement un programme unique à mener avec ces élèves, le programme de CE2.

Les retards pris pour cause de non-remplacement de la collègue titulaire m'obligent à m'arranger avec ce programme officiel. Par ailleurs, le niveau unique des élèves reste lui aussi théorique. En réalité, suivant les élèves et les matières, les acquis réels courent de la grande section au cours moyen, et pas uniquement à la marge. Je ne peux décemment pas leur servir à tous la même soupe.

Voilà une classe qui ne présente rien d'extraordinaire. S'y pose le fameux problème de l'hétérogénéité, problème qui se pose dans toutes les classes et que tout enseignant doit gérer, avec une difficulté proportionnelle à l'effectif.

De la spécialisation

Les feuilles ont poussé, les bourgeons ont fleuri. La brise caressante du printemps a fait place à la fournaise du plein été. Nos peaux assoiffées, blanchies par l'hiver se sont ruées vers le soleil jusqu'à ce que la douceur bienvenue se fasse chaleur implacable et que nous recommencions tous à fuir ses rayons aux alentours de la mi-journée. Tous, mis à part des touristes armés de cannes à selfie, arrivées au compte-gouttes et en ordre dispersé, puis en masse. Avant de repartir par petits paquets cramoisis passé la mi-août, abandonnant les quais des calanques marseillaises à quelques chats désœuvrés et ébouriffés. C'est le moment où, habituellement, comme la majorité de mes collègues, je planche sur ma rentrée. Mais cette année, je sais que je vais être brigade à nouveau. Après un an à tourner de classe en classe, en jonglant d'un niveau à l'autre, je me sens assez prête. J'ai une mallette de remplaçante déjà bien fournie et mes outils sont plutôt bien affûtés. Je change de circonscription, quartiers nord, me voilà, donc je prends surtout le temps d'imprimer des plans et de les annoter le plus précisément possible.

Le jour de la prérentrée, j'arrive le cœur léger et en espadrilles dans ma nouvelle école de rattachement. J'ai même encore un peu de sable dans les cheveux. J'ai le bonheur de constater que cette école est tenue par une véritable directrice : cadrante, exigeante, précise, mais aussi généreuse et à l'écoute. Surtout, quelqu'un qui pense en termes collectifs et qui semble placer l'intérêt des élèves au premier plan. L'équipe est sympathique.

J'apprends au cours de la réunion qu'il y a un poste vacant dans l'école : la CLIS, acronyme de classe pour l'inclusion scolaire, destinée à accueillir des enfants reconnus comme porteurs d'un handicap et ne pouvant pas suivre leur scolarité dans les classes ordinaires. Vu la mauvaise réputation répandue de ces classes, il n'y a rien de surprenant à ce que le poste soit vacant. D'autant plus que la classe, au dire de l'équipe, a « explosé » pendant les trois années scolaires précédentes. Après deux relocalisations en urgence, sa troisième année d'existence s'est très mal terminée.

Celle-ci est une « CLIS dys », réservée aux élèves diagnostiqués comme présentant un trouble dys lourd : dyslexie, dysorthographie, dyscalculie, dyspraxie, dysphasie, etc. Les élèves y bénéficient d'un projet personnalisé d'apprentissage, mené au sein de la CLIS mais également en classe ordinaire, sur certaines séances en fonction des capacités de chacun. Les emplois du temps sont donc individualisés et l'enseignant de CLIS détermine, pilote et coordonne l'ensemble des projets des élèves, en concertation avec les collègues des classes ordinaires. Ce profil de classe m'attire, et comme l'aperçu que j'ai pu avoir de l'école et de son équipe me plaît, j'entreprends d'obtenir cette classe dont personne ne veut. Je suis hors cadre réglementaire puisque les trois phases du mouvement où se jouent normalement les affectations sont déjà terminées, mais je tente ma chance. Grâce à l'appui de ma directrice, l'inspecteur de circonscription me l'accorde finalement pour l'année. Ce monde de l'enseignement spécialisé s'ouvre à moi. Je dois me former sur le handicap en milieu scolaire, et plus particulièrement les troubles dys, réapprendre à organiser ma classe avec des contraintes spécifiques. Je m'y plonge, j'y prends goût et m'y projette.

Si je veux être officiellement titulaire de la classe et ne pas avoir à la redemander chaque année, au risque de ne pas l'obtenir, il me faut une certification. Mon équipe m'encourage à le faire tant la pénurie de candidats à ce poste pèse sur le climat de l'école dans son ensemble. Une pénurie largement répandue pour ce type de classe. En effet, la plupart des enseignants ne se sentent pas formés pour les CLIS et ne veulent pas y travailler, certains même refusent le poste lorsqu'ils y sont nommés. Ces classes à public fragile ont pourtant particulièrement besoin d'une certaine stabilité.

Je demande à passer cette certification et l'inspecteur de circonscription, pour appuyer une demande qui pourrait lui permettre d'arranger le bilan peu reluisant des affectations dans l'enseignement spécialisé sur sa zone, avance la date de mon inspection.

Le rapport d'inspection du 9 janvier 2014 conclut : « Mme Magri, nommée cette année, a souhaité prendre en charge la CLIS, de l'école. Cette classe avait connu diverses vicissitudes les années précédentes, fruit d'un transfert de circonscription non réellement accompagné. Elle a su se doter des outils didactiques, pédagogiques et méthodologiques nécessaires au bon fonctionnement de la classe, qu'une participation à la formation CAPA-SH[1] souhaitée devrait pouvoir renforcer. L'investissement dont elle fait preuve depuis le début de l'année est garant de la qualité

---

1. Certificat d'aptitude professionnelle pour les aides spécialisées, les enseignements adaptés et la scolarisation des élèves en situation de handicap.

du service rendu. Avec mes remerciements et mes encouragements. » À la rubrique « Formation continue », l'inspecteur précise : « Pas d'action de formation continue au cours des cinq dernières années. Mme Magri souhaite intégrer la formation CAPA-SH l'an prochain. L'implication et l'engagement actuels sont source d'un pronostic positif pour une future certification. »

Malheureusement, malgré cet avis favorable, mon investissement et le soutien de ma directrice heureuse de voir une classe qui recommençait à tourner après plusieurs années d'errements parfois violents, la formation m'est refusée par mon administration. Motif : barème insuffisant. Sur plusieurs dizaines de demandes, seule une poignée a été retenue, pour cause de restrictions financières. Le choix s'est donc fait au barème. La collègue la moins bien placée reçue à la formation avait 23 points, et moi 4. Autant dire que je n'avais aucune chance.

La politique d'inclusion scolaire est souvent mise en avant par mon institution, à l'échelle locale comme nationale, et pourtant on m'a barré la route en vertu d'un système de points fondé sur la situation personnelle et l'ancienneté.

Voilà ce qu'en dit le site internet de mon employeur :

Le système de points est un système complexe qui permet un classement barémé des demandes de mutation, affectation et réintégration. Il prend en compte plusieurs critères notamment :
– la situation personnelle ;
– la situation de carrière (ancienneté de service et de poste) ;
– la situation individuelle de l'agent.

Le système est tellement complexe que je ne l'ai jamais bien compris. Ce qui est très clair, c'est que ça ne dépend en aucun cas de vos compétences, ni de votre investissement, ni de l'adéquation entre vos qualités professionnelles et les besoins spécifiques des élèves concernés.

En même temps, je n'ai qu'à me marier et faire de nombreux enfants, comme ça, j'aurai plein de points et j'aurai peut-être une chance d'obtenir et de garder des postes dont par ailleurs personne ne veut.

Un problème psy

« Mais elle a un problème psy, cette gamine, c'est pas possible », tonne Pierre. Je jette un œil à la gamine. Je ne vois plus son visage. Elle regarde ses chaussures. Sa main se fait plus légère encore dans la mienne. J'ai peur qu'elle ne disparaisse carrément. « J'te jure, un problème psy, c'est grave. De toute façon, cette année, j'ai vraiment la classe des fous. Vivement que l'année se termine, vraiment j'en peux plus. La classe des fous, je te dis. » Il passe la tête par la porte de sa classe et hausse la voix. « Nicolas, je t'enlève un point sur ta note de comportement. Finis ton exercice sinon on va encore y passer la journée. Non mais celui-là, aussi, c'est pas possible. Un vrai têtard. Et les autres, c'est pareil : si vous n'êtes pas capable de travailler, on n'ira pas en sport cet après-midi. » Il soupire avec force, puis se tourne à nouveau vers moi : « Non, vraiment, des fous je te dis. Des animaux. Il n'y a rien à faire. » Les bras croisés, son regard désapprobateur descend de toute sa hauteur d'adulte vers la petite chose embrouillée qui flagelle à côté de moi. « Donc tu es d'accord pour qu'elle vienne un peu se calmer dans ma classe, pour revenir quand elle est en état de travailler ? – Oui, oui, bien sûr. J'en ai déjà assez à l'intérieur, des gamins avec des problèmes psys, répète-t-il en pointant sa classe du menton. Tu peux la garder, ça me fera des vacances. » Il rit.

J'emmène Sarah dans ma classe.

Quelques minutes plus tôt, elle se tenait seule au milieu de la cour désertée. Je m'apprêtais à faire monter mon rang, à la fin de la récréation du matin. J'étais restée un peu plus sous le préau pour surveiller la classe de Marc, le maître des CE2A, le temps qu'il redescende du bureau de la directrice.

Mes élèves étaient déjà dans le couloir et je m'apprêtais moi aussi à passer la porte quand j'avais remarqué une petite silhouette collée à l'arbre au milieu de la cour vide. « Attendez. Revenez sous le préau et attendez-moi deux minutes, j'arrive. »

Je reconnais la petite. Il y a quelques semaines toute l'équipe avait été secouée d'apprendre qu'elle et deux de ses cousines avaient été abusées sexuellement par un « monsieur » que leur famille avait hébergé quelque temps. L'*ami* de la famille s'était ensuite évaporé et les parents avaient refusé de porter plainte. La directrice avait dû insister lourdement pour que les petites soient conduites à l'hôpital.

Depuis cet épisode, le comportement de Sarah s'était modifié. Elle était à fleur de peau. Elle pleurait souvent, ne travaillait plus en classe. Elle passait par de longues phases d'isolement et de mutisme. Au moment où je vais la retrouver dans la cour, elle semble avoir coupé toute possibilité de contact avec l'extérieur, si bien qu'elle paraît absente à elle-même. Son regard, d'une fixité effrayante, est chargé d'une tristesse insondable qui me cloue sur place. Les traces de sel le long des joues strient ce petit visage fermé et hors d'atteinte.

Il me faudra des trésors de patience et de douceur pour la ramener à la réalité et qu'elle accepte de faire un pas, puis de monter en classe avec moi.

Sarah n'a pas un « problème psy » dont il faut la blâmer et dont elle pourra se départir à force de pseudo-leçons de morale humiliantes, de jugements de valeurs troubles et profondément violents, de punitions absurdes. Sarah est en grande souffrance. Ce n'est pas délirant d'en arriver là après ce qu'elle a vécu. Elle n'arrive plus à faire confiance aux adultes. Et les adultes, c'est nous.

La CLIS pour les méchants

Mélanie et Djamila, mes deux douceurs. Ce sont mes deux perdantes de cette rentrée. La mort dans l'âme, je me suis résignée à les inclure en CM2A.

Ma CLIS compte douze élèves qui doivent bénéficier de temps d'inclusion dans les classes ordinaires de l'école avec leur tranche d'âge, sur les matières que j'ai ciblées dans leurs projets pédagogiques personnels. Ils sont donc tous dyslexiques et, pour la plupart, souffrent d'un ou de plusieurs autres troubles neurocognitifs souvent

moins connus : la dyspraxie ou trouble du mouvement, la dysphasie qui touche le langage oral,
la dyscalculie qui affecte la représentation mentale du nombre, la dysgraphie ou trouble du geste
d'écriture, etc. Les CLIS dys sont très rares, par
conséquent, les places y sont chères. Si nos élèves
ont pu arriver jusqu'ici, c'est que leurs troubles
ont été dûment diagnostiqués par une équipe
de spécialistes coordonnés par un neurologue,
et que ces troubles sont particulièrement sévères
et pénalisants. Les possibilités d'inclusion sont
donc assez réduites pour chacun d'eux.

Ce sont dans l'ensemble des élèves à l'intelligence normale, que des années d'échec scolaire
ont souvent fini par convaincre de leur prétendue
bêtise. Ces élèves et leurs parents ont dû ensuite
accepter d'« entrer dans le champ du handicap »
pour pouvoir vivre une scolarité adaptée. Après
s'être fait traiter d'*abrutis* ils craignent maintenant de se faire traiter de *fous* ou de *handica-
pés.* Nous travaillons bien sûr beaucoup sur la
différence, le handicap, les troubles dys, par le
biais de lectures, de débats, de projets divers et
de sorties. Surtout, le lien avec les élèves des
autres classes est cultivé au maximum. Un élève
dys peut parfaitement comprendre le programme
d'une discipline donnée en termes notionnels,
mais se trouver complètement bloqué par l'accès
à l'écrit. Pour l'enseignant et les élèves ordinaires,

ça reste très mystérieux. L'inclusion, essentielle dans toute CLIS, prend donc un sens particulier en CLIS dys et demande un travail quotidien de renfort et de soutien.

Sur mes douze élèves, six sont d'âge CM2 bien tassé. Pour chacun d'entre eux j'ai entre deux et six séances par semaine à placer dans une ou plusieurs disciplines très précises. Compte tenu de leur âge, trois classes peuvent les accueillir : le CM1-CM2, le CM2A et le CM2B.

Deux d'entre eux, Steven et Amande, ont besoin d'un cadre clair, faute de quoi leur comportement pourrait dégénérer. C'est ma deuxième année avec Steven, et je commence à connaître ses forces et ses faiblesses, tandis qu'Amande vient d'arriver. Elle aurait quitté volontairement le privé et la CLIS dys qui la scolarisait l'année dernière. Selon ses parents, « le maître était plus dans l'amusement que dans le travail ». Son dossier évoque une élève « peu investie dans les apprentissages », « provocatrice », et qui a « beaucoup de problèmes de comportement ». Amande se tient correctement depuis son arrivée chez nous, elle est au travail, et je tiens à ce qu'elle continue comme ça. Il leur faut à tous deux un environnement cadré et constant.

Logiquement, chacun des CM2 aurait dû accueillir trois de ces six élèves, le CM1-CM2 regroupant déjà deux niveaux.

Mais j'ai dû prendre en compte d'autres paramètres. La collègue aux commandes en CM2A vit une descente aux enfers depuis plusieurs années, sans vouloir l'admettre. Par la même occasion, ses élèves aussi. Sa classe est régulièrement chaotique et bruyante, dans les rangs, en classe, en sortie… Il est devenu courant que les élèves s'insultent, se frappent, lui manquent de respect. Quatre ans plus tôt, un élève de CLIS en inclusion dans sa classe l'a poussée dans l'escalier. La blessure la fait toujours souffrir, l'obligeant à un suivi médical régulier. Sur le même niveau de classe depuis plus de quinze ans, Anna subit chaque année scolaire en dévidant d'un air désabusé le même et éternel programme, sans plus y trouver de saveur et sans plus y investir d'attentes. Anna est une femme attachante, intelligente, généreuse, sensible, mais une femme qui semble brisée. Je ne peux pas inclure dans cette classe déjà en péril mes deux meneurs dans l'âme.

Le CM2B est pris en charge par une nouvelle recrue, la collègue débutante de cette rentrée. Elle est très investie mais peine énormément à poser son cadre, avec une classe dont on savait déjà que plusieurs éléments étaient particulièrement difficiles. Le cadre est flottant, l'ambiance explosive. Mais Céline est motivée, dynamique, et si certains soirs elle n'est pas loin de sombrer dans le désespoir, elle revient tous les matins avec le sourire. Elle continue à lutter coûte que coûte. Elle luttera toute cette année scolaire, sans relâche et sans se départir d'un regard toujours bienveillant sur chacun de ses élèves.

Je peux difficilement inclure ici mes deux agitateurs.

La classe de CM1-CM2 est tenue par une jeune collègue, présente dans l'école depuis quelques années. Gwendoline semble à l'aise avec son cadre, elle est d'accord pour recevoir Steven et Amande en inclusion. Ils iront donc chez elle.

Karim et Axel seront inclus chez Céline. Ce sont deux élèves travailleurs à la posture très scolaire, doués dans leur matière d'inclusion.

Mélanie et Djamila, deux toutes jeunes filles aux airs de biches, douces et patientes, seront accueillies chez Anna pour une séance hebdomadaire de géographie. Elles sont amies et s'entraident beaucoup. Toutes les deux sont également incluses en CM1 pour des disciplines différentes.

Arrive la première séance et je les regarde partir vers la classe d'Anna, juste à côté de la nôtre. Elles se tiennent très droites et serrent contre elles leur matériel avec gravité. Mélanie a mis son blazer aujourd'hui, et Djamila porte ses cheveux bien tirés en une queue-de-cheval stricte. On dirait deux petites femmes d'affaires en route pour une réunion de premier plan. Djamila a déjà l'habitude des inclusions, mais pas du CM2, et Mélanie vit sa première rentrée en CLIS. Pour chacune, l'enjeu est fort et il leur faut du courage pour frapper à la porte.

Ça commence mal : la collègue ne les entend pas. Elles recommencent et cette fois la porte s'ouvre. J'entends les élèves les accueillir avec des sifflements et un mot d'ordre unique : « Ah, non, pas les CLIS ! On n'en veut pas des CLIS ! » Anna tente de protester mais sa voix est inaudible.

La colère m'envahit et j'interviens. J'impose le silence, les regarde de travers. Et je réexplique : le handicap, la dyslexie, la CLIS, la différence, la tolérance, etc. Quelques minutes plus tard, les élèves baissent piteusement les yeux. Je leur demande de s'excuser auprès de Mélanie et de Djamila, et je les préviens que j'attends dans ma classe, avec une punition, tout élève qui s'amuserait à leur manquer de nouveau de respect. Et je répète que Mélanie et Djamila ont le droit au respect au même titre que n'importe qui, enfant ou adulte.

Puis je m'excuse auprès d'Anna pour mon intervention. Dans la foulée, elle se tourne vers ses élèves et enchaîne : « Elle a raison Mme Magri, vous voyez. En plus les élèves de CLIS sont toujours plus gentils que vous et ils travaillent mieux que vous. S'il y avait une CLIS pour les méchants, vous y seriez tous, alors c'est pas la peine de vous moquer d'eux. »

Je n'en crois pas mes oreilles.

Voilà : Anna a révélé les véritables définition et utilité de la CLIS.

CLIS, acronyme fém. : Officiellement classe pour l'inclusion scolaire, la CLIS est un dispositif de l'enseignement spécialisé, fréquemment détourné en classe poubelle, etc., on connaît la musique…

Vous êtes sur la liste

– Alors, le gymnase… Attendez, je vérifie.

La représentante de la mairie d'arrondissement fait courir son doigt le long d'un épais listing, le visage parfaitement impassible.

– Oui, vous êtes sur la liste.

– Ça, c'est pas une découverte. (Marie, notre directrice, a beau être diplomate, la colère pointe.) On est sur la liste depuis des années. La question qu'on vous pose c'est : est-ce que des travaux sont prévus prochainement ?

– Tout ce que je peux vous dire, c'est que vous êtes sur la liste.

– Bon. On est sur la liste pour quoi, précisément, concernant le gymnase ?

– Alors… Des petites réparations sur le système de chauffage et au niveau de la toiture, apparemment.

– Bon, en fait, le chauffage ne marche plus du tout et je l'ai signalé plusieurs fois. Et la toiture, à force d'attendre des réparations, ça a causé d'autres dégâts. Il y a trois grandes flaques au sol dès qu'il pleut, alors c'est plus que des petites réparations qu'il nous faut. Et le plafond… Il y a une grosse masse d'eau qui s'est accumulée à un endroit. On ne peut plus utiliser le gymnase du tout, entre les flaques qui font patinoire et cette cloque qui menace de crever sans prévenir.

– De toute façon à cause du chauffage qui ne marche pas, il fait plus froid dans le gymnase que dehors, s'agace Marc.

– Je vous l'ai dit, vous êtes sur la liste.

– Concernant les salles de classe, reprend Marie, on a toujours le problème du mercredi matin. La programmation du chauffage est toujours calée sur les rythmes de l'année dernière. Je suis obligée d'appeler toutes les semaines. Il faudrait reprogrammer ça une bonne fois pour toutes. On était à 13° la semaine dernière encore.

– Alors… Chauffage… Oui, vous êtes sur la liste.

Cette liste existait-elle vraiment ? Je me demandais parfois si ce n'était pas juste un os à ronger qu'on nous jetait d'un air dégagé. Quoi qu'il en soit, nous n'aurons rien obtenu de plus lors de ce conseil d'école. Heureusement pour nous, nous sommes dans une année électorale et, contre toute attente, notre gymnase accueillera un bureau de vote. Le jeudi précédant le scrutin, sans crier gare, deux équipes municipales se présentent à l'école, et en deux jours, les travaux demandés depuis des années sont réalisés. Seul bémol : le chauffage est si bien réparé qu'il restera en position ouverte, et poussé à fond, jour et nuit pendant des semaines entières. C'était la fin de l'hiver donc il devint superflu, puis carrément gênant. Avec la Bonne Mère et les panisses, voilà une autre carte postale typiquement marseillaise : les avaries pagnolesques d'un équipement sportif scolaire.

Les problèmes d'entretien récurrents me devenaient insupportables. Je me souviens de mes élèves rassemblés autour du chauffage d'appoint prêté par la directrice, tendant leurs mains vers la résistance électrique, Steven enroulé dans le plaid que j'avais apporté, Amande avec le nez rouge et les lèvres violettes, Christopher disparaissant sous sa capuche. Mes élèves portaient leurs doudounes en classe, des bourrasques glacées de mistral s'infiltraient par les fenêtres pourtant fermées et les dessins des enfants accrochés au mur se soulevaient par vagues.

Je me souviens aussi des trous crasseux dans les murs autour des tuyaux de gaz censés nous apporter la chaleur, et les innombrables grosses mouches noires qui en sortent aux beaux jours. Nous avions presque fini par nous habituer à leurs vols planés et leurs piqués intempestifs. C'est sûr, dans notre classe, on entendait les mouches voler.

Grosse tête

Je suis sous le préau quand la sonnerie retentit. Je sursaute et me bouche les oreilles. Les élèves affluent par petits paquets. Tels des poussins dans une usine à poulets, ils suivent d'invisibles couloirs de distribution. Le calibrage est approximatif mais le classement se fait efficacement. Ils viennent s'agglutiner près de leurs poteaux attitrés et le petit troupeau s'agite plus ou moins mollement en attendant la maîtresse. Cette année, j'enseigne aux CP, les micro-poussins, tout juste sortis de l'œuf. On peut les voir à chaque récréation s'accrocher au grillage de la maternelle pour regarder leur passé se rejouer sous leurs yeux à la fois fiers et nostalgiques. Plus loin, se trouve le rang des grands poussins, où certains arborent déjà crête et plumage multicolore. Tout ce beau monde saute et piaille à qui mieux mieux. Il y a deux préaux dans la cour. Sous le nôtre, d'une centaine de mètres carrés, sont réunis plus de cent enfants. Plus d'un enfant par mètre carré. Et je suis la seule adulte. Le niveau sonore m'écorche les oreilles et me donne l'impression que mes tympans saignent. Je m'énerve intérieurement contre mes collègues qui traînent en salle des maîtres ou je ne sais où. Les élèves se rangeraient plus spontanément et en silence si chacun était à son poste à l'heure dite. Je harcèle quotidiennement mes élèves pour qu'ils se rangent dès que ça sonne, ce n'est pas pour les faire macérer dans un bain d'agitation fébrile et sonore pendant plusieurs minutes juste avant de monter en classe. Ouf, j'aperçois au loin une collègue qui approche, je me rue sur la porte du couloir, mon régiment de poussins sur les talons.

Et nous entamons notre ascension ritualisée. Première pause devant la porte du couloir. Dans la cour règne toujours une agitation et un bruit à la limite du supportable, or nous devons arriver calmes et disponibles en classe. Plantée face à la porte, mon index droit sur la bouche, j'affiche mes gros yeux de maîtresse, et à mon signal silencieux, les binômes de poussins entrent dans le couloir. Cela donne invariablement : « Violette, on est dans le couloir », « Kaïs, je t'ai vu, attention, premier avertissement », « Nicolas, tu donnes la main à Ismaël », « Violette, marche normalement. On est dans le rang. Violette ? Violette ? Violette… Bon, Violette, viens me donner la main ma belle. » Jusqu'à ce que ma troupe entière soit mise au pli. Une fois dans le couloir, les élèves viennent se poster en bas des escaliers.

On marque un nouvel arrêt pour raboter les oreilles qui dépassent et les langues qui seraient tentées de s'agiter, puis, tout en avançant, chaque élève lâche la main de son voisin et fait un pas de côté avant de monter les marches. Le rang se divise en deux rangs dans la longueur. Les chefs de rang posent leur main sur la rambarde, chacun est censé se ranger individuellement, à l'identique, derrière eux. Les élèves montent et on marque à nouveau un arrêt en haut de la première volée d'escaliers. Sur chaque marche, deux élèves attendent, chacun à une extrémité. L'enseignant doit passer au milieu du rang pour monter, puis, arrivé en haut, après avoir fait les gros yeux si besoin, donner le signal pour l'ascension de la deuxième volée de marches, qui se déroule avec les mêmes étapes. Voilà la procédure mise en place par l'équipe depuis plusieurs années, qui doit s'appliquer à toutes les classes pour tout déplacement dans l'école.

Mes élèves sont des CP, nous sommes en novembre, j'en ai encore régulièrement un ou deux pour qui la chorégraphie est trop subtile et qui paniquent. Arrivés en bas des marches, Hugo lâche la main de son voisin puis zigzague vaguement en zézayant doucement, ses yeux jouent au ping-pong entre la gauche et la droite. Il est perdu et ne sait pas de quel côté aller. « Hugo, tu te mets derrière Nicolas, mon grand. Hugo ? Je te parle, tu te mets derrière Nicolas. Voilà. » Je perçois une agitation inopportune à l'autre bout de mon champ visuel. « Kaïs, je t'ai vu. Arrête de faire le clown pour faire rigoler Lamia. Si tu continues, Lamia va être punie à cause de toi. On est dans le rang, on monte en classe, c'est pas le moment de rigoler. Deuxième avertissement, tu sais ce que ça veut dire ? » Kaïs hoche la tête. « J'ai pas entendu, Kaïs, tu sais ce que ça veut dire, oui ou non ? – Oui, maîtresse. – Bon, allez-y. » Le rang se remet en mouvement. On arrive enfin au dernier check-point : la porte de notre couloir. Les élèves doivent reformer un rang deux par deux dans un silence complet. Je suis debout face à eux, l'index à nouveau sur la bouche, et quand ils sont prêts je leur dis à voix basse : « Vous allez vous ranger en silence devant la classe. » Je les laisse me dépasser et je les suis. On traverse le couloir en silence, chacun accroche sa veste, son écharpe, disperse ses gants et perd son bonnet le long des portemanteaux. Puis on se range à nouveau en longeant le mur devant la classe. Là, on est silencieux et calme.

61

Je ne m'adresse à eux que par gestes, sourires muets et chuchotement ritualisés.

Un hurlement sauvage retentit dans l'escalier, suivi d'une escouade d'éclats de rire convulsifs et délirants. Mes élèves se figent, mi-amusés, mi-inquiets. Une tribu de grands poussins ayant muté en hyènes agressives est en train de passer à quelques mètres de nous. Ils sont dans les escaliers. Nous ne les voyons pas mais nous les entendons. « C'est bon, là, tu me lâches, crie un élève. – Ouais, c'est ça, grosse tête, va », lui répond un autre. Apparemment la réplique est hilarante, des enfants s'esclaffent démonstrativement. « Mais c'est bon, je te dis, tu me lâches maintenant. » Un gros bruit sourd, plusieurs autres bruits mats s'égrènent, une voix de fille crie : « Maître, maître, Chris a poussé Vincent très fort dans les escaliers. » Mes petits poussins tremblent et s'agitent, je suis aux aguets, je me demande comme tous les jours ces dernières semaines si je ne devrais pas laisser mes élèves pour aller voir ce qui se passe dans l'escalier. « Maître, maître, insiste la petite à la voix suraiguë. – C'est bon, laisse tomber, espèce de balance. » Le brouhaha s'accentue, puis j'entends enfin le maître. « Bon, les enfants, on va monter dans le calme, alors on se range, hein, allez-y. Oui, Vincent, je sais, bon en même temps toi aussi t'as poussé Chris l'autre jour alors en même temps bon... » La voix de Julien, déjà couverte par le tumulte dispersé et volatil de ses élèves, se perd ensuite dans les escaliers.

Quarante-six yeux interloqués sont rivés à mon visage. Ah, non, quarante-quatre en fait. « Kaïs, tu te retournes et tu te ranges correctement. Ce qui compte là pour nous c'est pas le rang des CM2, on va rentrer en classe, il faut qu'on soit prêts à travailler. » Violette est agitée de nouveau, Hugo a son visage des jours de grande angoisse, Ismaël chuchote quelque chose à l'oreille de son voisin, les attentions ont été secouées et se dispersent. « Les enfants, on est un peu excité parce qu'il y a eu du bruit mais il faut qu'on rentre en classe, on a du travail. Attention, tout le monde voit mes mains ? Violette, tu vois mes mains ? Hugo ? Ismaël, regarde les mains de la maîtresse... » Je lève mes deux mains, poings fermés, et je déplie lentement, avec emphase, mes doigts un par un. Arrivée à dix, tout le monde est silencieux et tourné dans le bon sens, je leur fais un sourire, et, à nouveau l'index sur la bouche, je singe un agent de circulation mécanisé qui invite chaque binôme à entrer en classe.

Bon, avec tout ça, on n'est pas en avance. D'autant plus qu'il faut maintenant s'occuper des conflits non réglés de la récréation, du mal de dents chronique de Shaïna, du mal de ventre récurrent de Nicolas, du manque de sommeil de Léo, et de la trousse d'Hugo qui a mystérieusement disparu. Une fois que tout cela est réglé, nous pouvons enfin nous remettre au travail.

Après la récréation de l'après-midi, c'est geste d'écriture, et aujourd'hui on apprend à écrire le d. C'est un sujet très sérieux et lourd de conséquence, l'écriture au CP. Sur ma promotion de cette année la moitié environ n'a travaillé que les capitales d'imprimerie en maternelle, et encore de manière assez approximative, c'est donc pour nous un enjeu délicat auquel je veille particulièrement.

Samira et Antonin maîtrisent déjà l'écriture en attaché et travaillent les majuscules en autonomie. Avec les vingt autres élèves, on s'entraîne d'abord tous ensemble. On trace tous en même temps la lettre en géant dans l'air. Il y a un chef d'orchestre. J'ouvre le bal, puis je fais passer plusieurs élèves sur l'estrade. Ensuite, une fois que le geste semble se dessiner correctement pour chacun, on travaille au tableau avec le repère des lignes que je trace en couleur. Je forme plusieurs modèles en décortiquant à nouveau les étapes du tracé puis les élèves passent au tableau. On écrit plein de lettres d, d'abord en grand puis en plus petit. Ensuite on passe au travail individuel sur l'ardoise, avec différentes étapes que je vous épargne, puis chacun peut passer au cahier d'écriture, déjà préparés en fonction des capacités de chacun, mais pas avant que j'aie validé une ligne parfaite sur l'ardoise. Je circule d'un groupe d'élèves à l'autre. C'est un moment de grande concentration où je dois beaucoup circuler pour encourager, corriger un mauvais mouvement qui pourrait s'installer, tracer des modèles sur l'ardoise à certains, réexpliquer les étapes du tracé à d'autres, et valider individuellement les différentes étapes pour que chacun puisse avancer. Nous sommes complètement absorbés dans le d minuscule quand on entend frapper à la porte.

« Entrez ! » La porte s'ouvre et Armela se tient là, un sourire déplacé flottant sur ses lèvres. Elle regarde les petits, rigole bruyamment, puis me lance sur le ton de la copinade : « Le maître il a dit que Vincent il doit venir dans votre classe. – Bonjour, Armela. D'abord tu vas refermer cette porte et tu vas frapper à nouveau. Quand tu vas l'ouvrir tu vas t'adresser correctement à moi. On est en train de travailler, là, et toi tu arrives en criant et tu es malpolie. » Armela hésite un instant et referme la porte. Elle frappe à nouveau. « Bonjour, excusez-moi de vous déranger, le maître il a dit que Vincent il doit venir dans votre classe. – C'est-à-dire ? Il est puni ? – Je sais pas. – Mais il est où, d'abord, Vincent ? – Ben, il veut pas venir. » Je fais un pas hors de la classe, personne en vue dans le couloir. « Il est dans les escaliers. Il veut pas venir, répète Armela. – Ça va, je m'en occupe. Retourne en classe. »

Théoriquement les élèves punis doivent arriver avec un billet d'exclusion qui en précise le motif et la durée. Ils doivent également se présenter avec une tâche à réaliser et le matériel nécessaire. Voilà la procédure qu'à la réunion de prérentrée les collègues m'ont informée avoir mise en place au sein de l'école. Dans les faits, je n'ai jamais vu à quoi ressemblait ce billet d'exclusion, et le plus souvent les élèves arrivent sans affaires et sans punition. À vous d'imaginer une sanction pertinente pour un comportement dont on ne vous informe pas, et de décider quand l'élève pourra retourner dans sa classe. En l'occurrence, là, je n'ai même pas l'élève en question sous la main. Je connais déjà un peu Vincent et ses crises, pour l'avoir reçu à plusieurs reprises en punition. Son prénom étant abondamment prononcé en salle des maîtres, sa réputation avait précédé notre rencontre. J'ai entendu qu'il avait été poussé dans les escaliers, j'ai entendu la réaction de Julien. Je sais qu'il aura vécu cet épisode dans les escaliers comme une humiliation violente doublée d'une injustice. Je sais déjà qu'il est bouleversé et prostré, le visage et les poings fermés, les dents serrées, le dos plaqué contre un mur. Une boule de nerfs écorchés qui menace d'exploser.

Il est hors de question que j'aille lui courir après dans les couloirs de l'école. Lui faire récupérer ses esprits et son calme, d'abord à distance puis dans la classe m'a tout de même pris un certain temps. Ma séance d'écriture ne s'est pas du tout terminée comme prévu. Vincent finira l'après-midi à trier avec application une montagne de papiers qui traînaient sur un meuble dans le fond de ma classe.

Vers 16 h 20, il retourne dans sa classe, Julien me l'ayant envoyé sans cartable.

À 16 h 30 mes poussins et moi arrivons au portail de l'école.

À 16 h 43, je peux dire au revoir au dernier de mes élèves. Ma journée de travail « devant élèves » est finie, je vais pouvoir remonter en classe. Je me sens épuisée. La journée a été comme d'habitude, très dense en émotions. Il me faut ranger un peu, corriger les cahiers de la journée, préparer les cahiers du jour et d'écriture pour le lendemain, faire quelques séries de photocopies et peaufiner les deux séances que je n'ai pas fini de préparer pour le lendemain. Pour la séance de maths j'ai du matériel à plastifier, j'espère que Charlène est encore dans sa classe, je dois lui emprunter sa plastifieuse. Ah oui, et j'ai les stats d'octobre à faire. Et je dois vérifier le dossier de PAI de Violette pour la réunion de jeudi. Il faut aussi que je pense à noter le rendez-vous que je viens de caler avec la maman d'Ibrahim. Je fume une cigarette avant de remonter.

À 16 h 50, nous discutons sur le parking avec quelques collègues, quand un élève interpelle Sonia depuis la cour de récréation : « Madame la directrice, le maître il arrive pas à faire descendre les élèves et il vous demande de monter.
– Il arrive pas à... Mais vous êtes pas encore sortis ? J'arrive ! »
Julien vient tout juste d'être titularisé. Il remplace Cassandre, partie en congé maternité un peu moins d'un mois après la rentrée. La classe de CM2 dont il a hérité est une classe difficile. Plusieurs élèves posent des problèmes de comportement lourds. L'une d'entre eux, Sandrine, devrait être scolarisée la majeure partie du temps en ITEP[1]. Faute de place dans une structure d'accueil, elle est encore dans le circuit ordinaire à temps plein. Une AVS l'accompagne. Samia est de très bonne volonté mais elle ne semble pas avoir reçu de formation. Elle prend régulièrement des initiatives qui n'ont rien à voir avec ses missions. Elle n'hésite pas à contredire le maître ou à modifier les sanctions

---

1. Institut thérapeutique, éducatif et pédagogique, structure médico-sociale qui a pour vocation d'accueillir des enfants ou des adolescents présentant des difficultés psychologiques, les troubles du comportement qui en résultent perturbant lourdement la socialisation comme l'accès aux apprentissages.

qu'il tente d'imposer à ses élèves. Si la classe n'est pas à un effectif de vingt-neuf comme l'autre classe de CM2, elle n'en est pas loin.

Nous sommes dans une école REP+[1]. Pas seulement prioritaire, encore plus. Nous sommes donc en quelque sorte au-delà du prioritaire. En quelque sorte.

Julien recevra bientôt la visite d'un conseiller pédagogique. La circonscription, alertée par la directrice, l'a envoyé pour constater les dégâts. Le conseiller, à l'issue d'une séance d'observation et d'un entretien, laisse le choix à Julien. Il peut soit décider de prendre un autre remplacement, soit rester sur ce poste difficile. En vérité on essaie de le pousser gentiment vers la sortie. Mais, chose imprévue, Julien ne comprend pas que l'alternative est parfaitement fictive. Il ne veut pas s'avouer vaincu. Il veut rester. Il sait qu'il a beaucoup de progrès à faire sur la gestion de classe, mais il est motivé et il travaille beaucoup, il ne veut pas abandonner comme ça. Le conseiller pédagogique est très embêté. La situation serait presque hilarante si le sujet n'était pas si grave.

L'institution devra trouver une manière plus directe de lui signifier la fin de son remplacement dans notre école. Il sera remplacé par une

---

2. Réseau d'éducation prioritaire particulièrement sensible.

autre remplaçante, débutante également, qui parviendra à ramener progressivement sa classe vers un semblant de normalité, avec pertes et fracas persistants. Elle souffrira elle aussi de démarrer sa carrière d'enseignante dans de telles conditions. Elle aussi s'accrochera.

Je me souviens qu'en septembre l'équipe de la circo[1] était fière de nous annoncer que le remplacement de Cassandre était pourvu. En plus, c'était un homme, et ça, ça montrait bien qu'ils avaient compris que le poste était difficile et que nous avions été soignés en conséquence. L'autorité serait-elle purement et simplement synonyme de virilité ? L'amalgame est courant dans nos discours, y compris venant de femmes enseignantes qui maîtrisent pourtant leur cadre sans conteste.

Je me demande pourquoi il fut un temps où les enseignants étaient formés. Il suffit donc de recruter des hommes, et le tour est joué.

La goutte d'eau

« Violette, ma belle, viens te ranger avec moi. Attends, Hugo, tu as mis tes gants à l'envers.

---

1. Circonscription, division administrative de l'éducation nationale la plus proche du terrain.

Ismaël, tu as oublié de mettre ton manteau… »
Il nous faut quelques minutes pour que chacun
soit correctement emmitouflé, rangé et silencieux.
« Allez-y, les petits chats. » Le rang se met en
route. Chemin inverse à celui précité, mais dans
un silence évident : nous sortons du havre de
calme qu'est notre classe, notre petite bulle de
confiance. Porte du couloir, pause, schisme lon-
gitudinal du rang, première volée de marches,
pause. Je descends entre mes deux rangées bien
alignées le long des rambardes, je m'arrête à l'en-
tresol, je me retourne. Je m'apprête à donner le
signal de la remise en route quand une épaisse
planche de bois de quasiment deux mètres se des-
soude du mur, tombe avec fracas puis dégringole
tranquillement la volée de marches. Son extrémité pointue finit sa course sur la basket neuve
de Victor. Je suis glacée.

Je déplace la planche et je demande à Victor
comment il se sent. Je lui demande d'enlever
sa chaussure et je vérifie son pied. Je termine
la descente avec la grosse planche entre mes
mains qui tremblotent. Je fais sortir mes élèves
dans la cour pour la récréation. Je vais dans la
salle des maîtres. La directrice est déchargée de
sa classe aujourd'hui, elle en train de faire des
photocopies.

– Ce truc-là vient de tomber sur mes élèves.

– Ah, ça ? Elle lève un sourcil. Mais quel est l'imbécile qui l'a remis au mur ? C'était déjà tombé l'année dernière. Bon, ben remets-le là où on l'avait stocké, dans les toilettes des enseignants.

Elle soupire et s'en retourne à ses photocopies.

Je fais à ce moment-là le rapprochement avec le grand machin bizarre posé contre le mur des toilettes. Effectivement, c'est le même genre de pièce de construction que celle que j'ai dans les mains à ce moment-là.

– Non, mais c'est pas la même planche. Celle dont tu parles elle est toujours là-haut. Celle-là, elle vient de tomber dans les escaliers, juste là. Elle est tombée sur mon rang ! Ç'aurait pu blesser un élève !

– Eh oui. Décidément, elle se fait vieille, cette école.

Je reste interdite avec ma planche de bois dans les mains. Apparemment la discussion est terminée. Je bouillonne.

– Tu vas faire un rapport d'incident ? Vous en aviez déjà fait un l'année dernière ?

– Pourquoi faire ?

– Mais y a la même planche sur le mur d'en face à deux mètres de hauteur, imagine si elle tombe elle aussi !

– Ben tu peux le faire toi-même le rapport d'incident si tu veux.

C'est vrai que ça ne concerne que moi.

Quelques jours plus tard, nous sommes en réunion, sur ce qui est censé être notre temps de pause méridienne. Le thème de la réunion est « La sécurité de l'école ». Nous sommes donc entassés dans la salle des maîtres et parlons sécurité entre deux bouchées de barquette en plastique réchauffée au micro-ondes. La directrice nous explique que la circo met la pression en ce moment là-dessus, et que donc les exercices d'alerte incendie et de risques majeurs seront surveillés de plus près cette année. Nous devons faire le bilan du dernier exercice d'évacuation et préparer le prochain. La directrice prend la parole :

– Tout s'est plutôt bien passé, vous avez mis six minutes trente à évacuer et chacun a joué son rôle. Par contre, il faut mieux préparer les élèves à devoir changer de trajectoire en cas de fumée dans les escaliers. Et une fois arrivés dans la cour, c'était un peu le bazar.

Les collègues enchaînent :

– Oui, mais, en fait, on n'était pas au clair sur l'endroit où chacun devait se ranger en attendant la fin de l'exercice.

– Et d'ailleurs, les CPA, vous avez pris du retard dans les escaliers donc on est arrivés avant vous dans la cour, on a dû se ranger à votre place. Enfin, c'est pas grave, ça change rien, mais je le dis juste comme ça.

– Et les CE2B, vous êtes sûrs que vous deviez vous ranger au milieu du mur du fond ?

– Moi je pense qu'il faudrait peindre des repères au mur.

Une demi-heure de débat sur le meilleur endroit où se ranger *dans la cour* à la fin de l'exercice d'évacuation. Sachant qu'en cas d'incendie réel, nous *sortons* de la cour par le grand portail de service. Donc, on parle de la forme de l'exercice lui-même parce qu'il s'agit d'une commande de la circo, mais ça n'a aucun intérêt par rapport à l'objectif réel d'une évacuation réussie.

– Et sinon, est-ce que l'alarme a été réparée ?

– Non. Mais les équipes techniques devraient repasser.

– Donc, on parle vraiment dans le vide, là. Et ça, c'est la réunion *sécurité* ? Je vois pas en quoi la priorité en ce qui concerne la sécurité des gamins et notre sécurité c'est de parler de l'exercice incendie. Nous, on sait évacuer, tu viens de le dire, on est dans les temps. Donc où on se range dans la cour pour finir l'exercice on s'en fout, vu que, dans la réalité, s'il y a un incendie et qu'on arrive à évacuer, on restera pas dans la cour. Mais comme, l'alarme, on l'a débranchée parce qu'elle sonnait pour rien, expliquez-moi pourquoi on perd notre temps à parler de ça.

– Tu devrais aller expliquer tout ça à l'inspectrice de circo.

– Pendant ce temps-là, il y a des planches qui se cassent la gueule dans les escaliers sur nos élèves, Nathalie m'a parlé hier d'un portemanteau qui était en train de se dévisser devant sa classe, le chauffage marche quand ça lui chante, on ne peut pas ouvrir les fenêtres dans les classes, on ferme la porte du bâtiment qui donne sur la cour avec une grosse pierre, celle d'après on met un quart d'heure à l'ouvrir ou à la fermer parce que la serrure crochète grave, on respire très certainement de l'amiante tous les jours d'après ce qu'Isabelle vient de m'apprendre... Il y a une classe qui explose et des gamins se mettent en danger tous les jours parce que Julien est complètement dépassé, c'est pas la sécurité, ça ? On a le droit d'en parler, de tout ça ?

– Si tu veux on peut rajouter un paragraphe sur les problèmes du bâtiment dans le compte rendu de la réu, et on peut en parler un peu après, mais ça c'est la mairie alors bon. Va falloir que tu t'y fasses, quand même, t'es à Marseille, et, oui, les quartiers nord c'est dur, c'est comme ça. On a tous notre polaire en classe et on se démerde tous pour faire notre boulot correctement dans des conditions qui sont, c'est vrai, très difficiles. On fait notre boulot du mieux qu'on peut, voilà. Et pour la classe de Julien, franchement aucun rapport. En plus il est pas là alors bravo l'esprit d'équipe d'en parler dans son dos.

— On en parle tous les soirs dans son dos comme tu dis. Et ça nous empêche pas de lui en parler directement aussi. En attendant, objectivement, ses élèves ne sont pas en sécurité.

— Mais c'est un autre débat, ça. Qu'est-ce que tu veux faire, franchement ? Et puis j'ai déjà fait remonter à la circo. Enfin surtout là, moi j'ai une commande d'en haut, il faut que l'équipe fasse le bilan de l'exercice incendie de la semaine dernière et qu'on prépare le prochain. Donc on va déjà faire ça.

Passent quelques jours. Panne complète de chauffage. Le thermomètre de la classe affiche 13°. Encore faire classe à des gamins en doudoune. Ils étaient rouges de chaleur les après-midi de septembre, les voilà transis de froid. Je grelotte, tu grelottes, il grelotte, nous grelottons... La fin d'après-midi est noyée sous les éternuements et les petits nez qui coulent. Au portail, la maman de Juliette voit arriver sa fille d'un œil inquiet. La petite a les lèvres bleues.

— Qu'est-ce que vous en pensez, il vaut peut-être mieux que je la garde à la maison les jours qui viennent, en attendant que le chauffage soit réparé dans l'école ?

Je regarde Juliette. Douce et jolie petite fille, avec ses mèches blondes et ses traits délicats. Une élève très sérieuse, très appliquée. Une belle enfant à la santé fragile. Et là, elle a vraiment l'air mal en point.

– Oui, je pense que vous avez raison. Elle sera mieux à la maison, au chaud.

Je viens de conseiller à une mère d'élève de ne pas mettre son enfant à l'école. Je suis bouleversée, et j'ai honte.

À ce moment-là, mon métier n'a plus de sens pour moi. La dynamique collective que j'espérais au niveau de l'école ne trouve pas sa place dans les priorités de l'équipe, chacun pédalant déjà avec toute son énergie disponible, le nez dans le guidon des commandes institutionnelles. J'avoue flirter avec le désespoir. Je décide donc d'envoyer une lettre ouverte à l'autorité compétente, mon employeur.

En quête de sens

Une lettre ouverte à la ministre de l'Éducation nationale, la démarche surprend, notamment parce que l'entretien des écoles est à la charge des mairies.

Je laisse la parole à un inspecteur général[1] qui tient plus du grand commis de l'État que du dangereux militant subversif : « L'Éducation nationale, pour reprendre les propos de Condorcet, ne saurait être une "espèce de loterie nationale" pour les enfants du peuple. Et c'est à l'École de garantir à tous les enfants une égalité des droits sur l'ensemble du territoire[2]. »

Une espèce de loterie nationale, c'est bien ce que nous offrons à nos enfants.

Et je répète : *c'est à l'École de garantir à tous les enfants une égalité des droits sur l'ensemble du territoire.*

---

1. Jean-Paul Delahaye.
2. Jean-Paul Delahaye, *Grande pauvreté et réussite scolaire*, Inspection générale de l'Éducation nationale (IGEN), mai 2015, p. 164.

Le 30 novembre 2015, j'envoie au ministère une lettre, qui se conclut ainsi : « Dans une société déjà malade et en crise, une éducation injuste et défaillante nous promet des lendemains difficiles. Nous nourrissons la menace d'une explosion violente et dramatique de la cohésion sociale et du sens même de la citoyenneté dans notre pays. »

Le 2 février 2016, la petite étincelle allumée par ma lettre ouverte explose au grand jour. *Libération* titre : « Écoles à Marseille, la honte de la République » et les télévisions nationales s'emparent du sujet. Le cirque médiatique virevolte et tournicote sur son air de fanfare bien connu, obligeant les responsables politiques à sortir de leur mutisme.

Parmi les différents éléments développés, le propos relayé, et donc retenu, s'est ainsi limité à la vétusté des écoles marseillaises.

Évidemment, les murs lépreux, les plafonds qui s'écroulent, la pluie qui ruisselle dans les préfabriqués, les pauvres enfants qui tremblent et tombent malades, c'était du pain bénit pour nos médias assoiffés d'images chocs et de réalité binaire. L'écho médiatique était forcément plus attendu sur un terrain « visuel », où la complexité de la réalité pouvait se résumer à des personnages univoques.

Nombre de journalistes m'ont dit qu'ils auraient aimé traiter le sujet plus tôt mais que leurs rédactions s'y opposaient, au motif qu'il n'y avait pas d'actu. Un jour, ce n'était pas l'actu. Le lendemain, c'était l'actu. Pour une situation qui a pourri pendant vingt ans et qui avait déjà été dénoncée à de nombreuses reprises, avouons que c'est surprenant. Finalement, qu'est-ce que l'actu ? De quelle entité transcendantale et mystérieuse émane cet agenda mystique et insaisissable auquel sont soumis les journalistes ? Les voies de l'actu sont impénétrables. En pratique, l'actu advient si par hasard au moins une grande rédaction nationale s'empare d'un sujet vendeur, et à ce moment-là tout le monde veut rebondir. Mes chers enfants, mes chers collègues, nous avons eu de la chance, l'actu advint pour nous.

Comment j'ai appris à tweeter

L'actu advint donc, suite à un tweet. Quelques semaines après mon envoi, désespérée par l'absence de réponse de mon employeur et l'absence d'écho médiatique au niveau national, je me suis agitée à nouveau en essayant de moderniser ma tactique de dinosaure des télécommunications. J'ai mis en ligne une pétition, je me suis acharnée sur les réseaux sociaux. J'ai notamment envoyé en série ce tweet provocateur à un maximum de journalistes :

Mes élèves respirent de l'amiante à l'école de la République. Qu'en pensez-vous ?
a/ Ce n'est pas l'actu.
b/ Et alors ?
c/ On s'en f...

C'est suite à ce gazouillis et grâce à l'intérêt sur le fond du problème qu'il a éveillé chez Marie Piquemal de *Libération*, que la machine s'est emballée. Le nécessaire reportage qu'elle a publié sur la situation des écoles en une du quotidien a permis au constat de s'imposer.

Une lettre, des photos, un tweet, pèsent plus aujourd'hui que des années de mobilisations citoyennes et syndicales.

Voilà donc les armes qui nous restent si nos droits citoyens les plus élémentaires sont bafoués : entrer dans le jeu puéril et grossier de la com' simplificatrice ?

Quoi qu'il en soit, force est de constater encore une fois que les médias sont un contre-pouvoir soumis à des enjeux qui n'ont plus rien à voir avec ceux du fonctionnement *démocratique* de notre pays. Ce n'est pas l'info qui compte, ce sont les circonstances de l'info : peut-on raconter une histoire sexy et visuellement frappante ? Sinon, vous repasserez.

Conséquence de ce traitement médiatique, les dysfonctionnements paraissent bornés à un territoire ; les responsabilités, limitées à l'incompétence d'un élu local particulier. L'institution et son autorité politique n'ont donc rien à remettre en question et se bornent à un traitement local du problème, ce qui est, à mon sens, absurde. À l'heure où j'écris ces lignes, tandis que la ministre utilise le cas marseillais comme support de sa communication personnelle, les parents et les enseignants de Seine-Saint-Denis se mobilisent et relaient le ras-le-bol de familles confrontées, depuis des années, à des difficultés qui ne font que s'aggraver. Le ministère de l'Éducation nationale pourrait éventuellement envisager une réponse nationale à un ensemble de problèmes récurrents à l'échelle nationale, au lieu de poser des sparadraps sur les malades qui crient trop fort. À l'image, sur la séquence narrative médiatique, la ministre sort de la crise marseillaise réaffirmée en tant que défenseuse des missions de l'école républicaine, pour avoir su écouter la souffrance d'une enseignante et rappelé à l'ordre un mauvais élève. « Je comprends la colère de cette enseignante. Sa demande d'enseigner dans des conditions décentes est légitime », affirme-t-elle à *La Provence* le 3 février 2016. Le même quotidien régional titre deux jours plus tard « Écoles : l'État passe à l'action », relayant la circulaire ministérielle en date du 4 février 2016, rédigée conjointement avec le ministre de la Ville. Les ministres y chargent le préfet de région, enveloppe budgétaire à la clef, de veiller à une meilleure prise en charge de la question scolaire par la mairie de Marseille. Fin avril, après un déplacement à Marseille, son site personnel www.najat-vallaud-belkacem.com rend compte de sa « mobilisation en faveur des écoles de Marseille » et indique que « des engagements essentiels ont été pris pour réaliser des travaux dans les écoles », grâce à son implication.

Les acteurs de terrain ne sont pas dupes. L'éclairage médiatique national a forcé nos élus à assumer une réalité qu'ils connaissaient et dont ils s'accommodaient très bien. Depuis des années, de nombreux citoyens et enseignants s'étaient mobilisés et parfois épuisés, sans recevoir aucune écoute des pouvoirs publics. Personne n'est venu s'excuser auprès d'eux du silence et du mépris imposés, seules réponses obtenues pendant toutes ces années d'incurie municipale.

La mairie de Marseille, contrainte à sortir de son mutisme, s'est tout d'abord déclarée « ulcérée » par ces « doléances » déplacées. L'équipe municipale s'est autorisée à faire des commentaires objectivement méprisants à mon égard, en affirmant : « Cette fonctionnaire a commis une faute en ne respectant pas son devoir de réserve. C'est un comportement inadmissible[1]. » En plein conseil municipal, les parents d'élèves de l'école se sont vus traités de « clochards du coin » et les élèves de « mafia de demain ». S'en est suivie une visite guidée avec journalistes embarqués, safari-propagande dont l'idée même était une insulte aux acteurs de terrain, et qui s'est révélée être un fiasco total. Les travaux de glamourisation d'urgence réalisés à la va-vite n'avaient pas suffi à rendre les écoles sélectionnées présentables.

Après tant de mépris, les propos du maire de Marseille, à l'occasion de la venue de la ministre, le 18 avril 2016, me laissent sans voix : « Tout d'un coup, nous nous sommes rendu compte que dans un certain nombre d'écoles, il y avait des travaux qui auraient mérité d'être réalisés. C'est même quelquefois un peu une surprise pour moi. Et, depuis lors, les travaux ont pu être faits. »

Et moi, tout d'un coup, j'ai envie de répéter que la gestion des deniers publics par la mairie de Marseille a été épinglée en 2013 par un rapport de la chambre régionale des comptes de Provence-Alpes-Côte d'Azur dont il n'a visiblement été tiré aucune leçon.

---

1. « Marseille : le tableau très noir des écoles », paru dans *La Provence*, le 1er février 2016.

Ce rapport est accessible à tous, gratuitement, sur Internet et ses conclusions sont claires : « La chambre ne peut qu'appeler une nouvelle fois la ville, qui conteste son analyse, à rompre avec cette pratique irrégulière[1] [...] La ville ne respecte donc pas l'obligation de rendre compte de sa gestion pluriannuelle des investissements via les annexes budgétaires. Cette observation avait déjà été faite lors du rapport précédent de la chambre[2]. » Le constat se répète page après page. « Le budget est sur ce point en contradiction avec les textes. Là encore, la chambre avait relevé les mêmes pratiques lors de son précédent rapport[3]. [...] Cette pratique n'est pas conforme aux dispositions comptables de l'instruction M14. [...] Lors du dernier examen de la gestion de la ville, la chambre avait constaté l'absence d'un règlement financier qui permettrait de formaliser les procédures budgétaires et financières internes. Près de six ans après ce contrôle, la ville de Marseille n'a pas réalisé ce type de document[4]. » Et ainsi de suite. Ce relevé montre à quel point il ne s'agit pas ici de défendre une

1. « Rapport d'observations définitives sur la gestion de la commune de Marseille », Chambre régionale des comptes (CRC) de Provence-Alpes-Côte d'Azur (PACA), juillet 2013, p. 14.
2. *Ibid.*, p. 15.
3. *Ibid.*, p. 16.
4. *Ibid.*, p. 27.

opinion partisane, mais de reconnaître un constat d'ensemble objectif.

Les recommandations de la chambre exhortent la municipalité à appliquer la réglementation sur plusieurs points précis et à mettre en place un service d'audit interne.

Elle recommande également de rendre au conseil municipal son rôle d'assemblée délibérante, tel que défini par la loi et qui permet un fonctionnement démocratique et transparent des municipalités. Le rapport constate que se perpétue « une prérogative quasi exclusive de l'exécutif[1] » sur l'utilisation des deniers publics, que le maire ne respecte pas son obligation de « rendre compte à chacune des réunions obligatoires du conseil municipal » de décisions budgétaires conséquentes. En clair, il gère le budget municipal sans respecter le cadre légal, sans l'avis du conseil municipal et sans lui en rendre compte.

Et c'est mon comportement en tant que fonctionnaire qui est inadmissible ?

La ministre, quant à elle, après avoir déclaré (hors antenne) dès le 4 décembre à Europe 1 avoir lu ma lettre « avec un grand intérêt », n'a jugé utile de s'intéresser au problème qu'au moment où les médias nationaux ont affiché le

1. « Rapport d'observations définitives sur la gestion de la commune de Marseille », *op. cit.*, p. 29.

scandale. Accueillir des enfants dans des écoles insalubres est devenu scandaleux parce que les médias l'étalaient au grand jour. Avant le coup de projecteur, c'était normal. Ainsi, madame la ministre, je vous en prie, ne saluez plus ma démarche comme si vous en étiez solidaire. Si votre institution a besoin de lanceurs d'alerte c'est qu'elle dysfonctionne gravement. Vous n'en êtes certes pas l'unique responsable, mais il serait plus humble et plus démocratique de commencer par le reconnaître et cesser de nous mentir. Oui, vos services étaient parfaitement informés de notre réalité, bien avant votre arrivée au ministère. Je me permets ici un commentaire : la « mobilisation en faveur des écoles marseillaises » que vous revendiquez, vidéos à l'appui, sur votre site Internet personnel, ce n'est pas vous qui la portez. Cette mobilisation est portée et incarnée par le mouvement Mpe13, le collectif La Castellane, le Manifeste des écoles marseillaises, le collectif DZ, les syndicats mobilisés sur la question, les parents d'élèves en lutte, et par nombre d'enseignants dont je fais partie. C'est votre mission de veiller à ce que les élèves soient scolarisés dans des conditions décentes, et vous ne l'auriez pas accomplie sans le contexte médiatique des derniers mois.

Vous vous préoccupez avec retard de l'abandon des missions que nous vous avions confiées, et vous venez vous planter en souriant devant les caméras tournées vers nos quartiers. En tant que responsables politiques, vous et le maire de Marseille nous devez pourtant des comptes : comment a-t-on pu en arriver là ?

Cette « sortie par le haut » de la crise entre le ministère et la mairie, dont se flatte la ministre, est entachée d'une suspicion de compromis vaseux. L'hypothèse qui circule dans les « milieux autorisés » est en effet peu glorieuse. La ministre ne peut réprimander trop ouvertement le mauvais élève car il existe un enjeu jugé plus important. La mise en place du projet interministériel Métropole Aix-Marseille-Provence aurait été « sauvé » par le maire de Marseille qui s'est finalement porté volontaire pour en prendre la tête. L'État met donc l'argent sur la table : 5 millions d'euros sont annoncés. Une autre option aurait été de remettre les pendules démocratiques à l'heure et de contraindre la mairie à faire son travail. Pourquoi ne pas demander à notre municipalité, connue par ailleurs pour ses pratiques de gestion irrégulières (ce n'est pas moi qui le dis, mais la chambre régionale des comptes) et pour préférer financer à perte une équipe et un stade de football (*bis repetita*), de respecter ses engagements ? L'argument du manque de moyens ne tient pas. Je rappelle que la rénovation du stade Vélodrome, qui ne présentait aucun signe de vétusté, a coûté 273 millions d'euros, alors qu'il avait déjà été refait à neuf pour la coupe du monde de 1998. 273 millions d'euros pour une rénovation qu'on peut légitimement suspecter d'être superflue. Les 5 millions d'euros annoncés à grand renfort de trompettes et destinés à rénover des écoles vétustes, ce dont on peut difficilement nier l'utilité publique, sont objectivement dérisoires à côté d'une telle dépense. Par ailleurs, la mairie projette actuellement de débourser 11 millions pour la rénovation du quartier de La Plaine, un projet qui ne répond à aucune urgence objective et dont les habitants ne veulent pas. Ce n'est pas une question de moyens, c'est une question de priorité.

Dans un souci de cohérence, je propose donc une réforme du Code de l'éducation :

En l'état : *Article 1 : L'éducation est la première priorité nationale.*

Proposition 1 : Article 1. Ménager les élus locaux à qui l'on doit renvoyer l'ascenseur est la première priorité nationale.

Proposition 2 : Article 1. Permettre à des footballeurs dans le besoin de profiter d'un terrain de jeu décent est la première priorité nationale.

Proposition 3 : Article 1. Transformer contre la volonté de ses riverains un quartier vivant en carte postale aseptisée et lucrative est la première priorité nationale.

Je ne sais pas pourquoi, mais ça sonne moins bien.

J'aimerais donc souligner un point que vous semblez avoir perdu de vue : mesdames et messieurs les responsables politiques, vous êtes à notre service, pas le contraire.

Le traitement médiatique et politicien de ce qui est devenu « le problème des écoles marseillaises » a permis des avancées à l'échelle locale dont il faut surveiller la concrétisation. Pour autant, ma tentative d'alerte a été tronquée et dévoyée.

Alors je récidive et je développe. Je vous ai déjà raconté certains épisodes de mon parcours professionnel, mais les histoires seules, qu'elles soient réelles ou fictives, ne suffisent pas à éclairer une réalité complexe ni à penser un enjeu politique. Ce récit appelle maintenant un élargissement.

Mon parcours professionnel n'est que l'un des innombrables fils qui tissent la réalité de l'école telle qu'elle est vécue aujourd'hui dans notre pays. Et malheureusement, c'est l'organisation même du système scolaire français qui doit être remise en question.

Je précise pour mon employeur que l'argument de la refondation de l'école lancée en 2013 serait simplement un mensonge de plus. J'en ai vécu le lancement sur le terrain et je connais la réalité derrière les mots. Mon constat n'est pas une opinion, et il est d'ailleurs parfaitement identique à celui qu'établissent des institutions autrement plus sérieuses, convenables et officielles qu'une simple professeure des écoles prétendument jeune et débordée par ses émotions. Des institutions dont l'expertise et l'autorité morale ne sauraient être attaquées aussi facilement qu'une simple parole citoyenne.

En 2013 la Cour des comptes, affirmait déjà que « le projet de loi de refondation de l'école ne permet pas de lever [les] obstacles[1] » qu'il prétend résoudre. En 2015, le constat est confirmé par la concrétisation du projet : « Les propos de la Cour des comptes [...] demeurent d'actualité malgré la réforme intervenue à l'été 2014[2]. [...] Le ministère ne s'est [...] pas mis en capacité d'exercer de façon éclairée le pilotage de cette politique éducative : c'est le signe que celle-ci ne constitue une priorité que dans les textes mais pas dans le fonctionnement interne[3]. » Histoire de lever

1. *Gérer les enseignants autrement*, rapport public thématique, Cour des comptes, mai 2013, p. 45.
2. *Ibid.*, p. 86.
3. *Le suivi individualisé des élèves : une ambition à concilier avec l'organisation du système éducatif*, rapport public thématique, Cour des comptes, février 2015, p. 55.

toute ambiguïté, je cite pour finir : « Le ministère a décidé d'une réforme volontaire mais ne s'est pas donné les moyens de la faire entrer dans les faits[1]. »

Refondation de l'école, g.n. fém. : Réforme cosmétique qui nous a été vendue comme une refondation complète de l'institution.

Ce que notre ministre décrit comme la « tâche exaltante » évoquée dans plusieurs de ses discours se résume à un effet d'annonce, sans mobilisation concrète et profonde. Le *storytelling*, en politique comme ailleurs, parvient ici encore à pérenniser la suspension provisoire de notre jugement, par l'annonce toujours renouvelée d'une transformation enchanteresse à venir. Le quotidien est peut-être insatisfaisant, mais qu'on se rassure : nous sommes bien à « l'orée d'un merveilleux changement[2] ». La refondation de l'école est donc une variation narrative post-politique de l'histoire de la montagne qui accouche d'une souris.

Le propos est d'autant plus amer qu'il vient du haut de l'institution elle-même. Toujours en

---

1. *Le suivi individualisé des élèves, op. cit.,* p. 104.
2. Expression de Don DeLillo, dans son roman *Joueurs.* Cité dans l'ouvrage de Christian Salmon, *Storytelling, la machine à fabriquer des histoires et à formater le monde,* Paris, La Découverte, 2008.

2015, on lit dans le rapport de l'Inspection générale de l'Éducation nationale : « Nous ne pourrons indéfiniment prôner le "vivre ensemble" sur le mode incantatoire et dans le même temps abandonner sur le bord du chemin une partie des citoyens. [...] L'échec scolaire de trop nombreux enfants [...] n'est pas seulement un problème pour l'école, c'est aussi une menace pour la République[1]. »

Nous sommes d'accord. Depuis des décennies, notre ministère préfère le « mode incantatoire » à l'action. Notre ministère professe sans cesse de grands principes et de grandes valeurs tout en multipliant des réformes « cosmétiques » et « précipitées »[2] (selon l'ensemble des rapports et arrêtés de la Cour des comptes) sur un système éducatif inefficace et inégalitaire, dont la réforme est une « impérieuse nécessité[3] ». Une urgence d'agir, toujours annoncée mais sans cesse éludée. Ce décalage entre le discours et la réalité menace nos élèves et notre démocratie.

1. Jean-Paul Delahaye, *Grande pauvreté et réussite scolaire*, IGEN, mai 2015, p. 162.
2. *Ibid.*, p. 164.
3. *Gérer les enseignants autrement*, *op. cit.*, p. 141.

Derrière l'écran de fumée

Jamais sans doute n'a été aussi prégnante la tendance à considérer la vie politique comme une narration trompeuse ayant pour fonction de substituer à l'assemblée délibérative des citoyens une audience captive.
La réalité est désormais enveloppée d'un filet narratif qui filtre les perceptions et stimule les émotions utiles.

Christian Salmon, *Storytelling, la machine à fabriquer des histoires et à formater les esprits*

L'élection encourage le charlatanisme.

Joseph Ernest Renan

Le décalage

Dans le fameux livre d'Orwell, *1984*, le ministère de la Paix s'occupe de la guerre. Le ministère de la Vérité gère la propagande, le ministère de l'Amour supervise la torture et le ministère de l'Abondance organise la famine. Il me semble que nous prenons le chemin de dérives similaires.

Restons calmes. Je ne veux pas dire que nous vivons sous un régime totalitaire et ultra-répressif. Je ne veux pas dire que nous sommes dans une société où personne n'échapperait à la surveillance électronique d'un Big Brother unique et autoritaire qui nous épierait et nous contrôlerait en permanence jusque dans notre intimité. Il serait faux de l'affirmer sans nuances.

Tout aussi faux que d'affirmer que notre Éducation nationale forme des citoyens éclairés et lettrés, de manière équitable sur l'ensemble du territoire national. Que d'affirmer que notre démocratie se porte bien, voire qu'elle mérite encore son titre, au vu de la désertion massive des urnes et de la crise de la représentativité qui fait consensus depuis le café du Commerce jusqu'aux observateurs politiques accrédités... Il serait faux de ne pas reconnaître que la puissance des médias de masse ouvre la voie à une forme de totalitarisme mou. Il serait faux de réfuter que la peur du terrorisme a pu légitimer un durcissement inquiétant des procédures sécuritaires. Il serait également faux d'affirmer que nous ne sommes pas en permanence traçables et pistables grâce à tous nos joujoux digitaux, de fait tracés et pistés en permanence par quantité de sociétés privées. En bref, si notre société n'a pas basculé dans le modèle orwellien, il nous faut bien reconnaître que certaines de ses caractéristiques y font assez précisément écho, ce qui pourrait sonner l'alerte à nos oreilles malheureusement déjà saturées par un flot incessant de pseudo-infos.

La notion la plus présente dans les rapports publics thématiques de la Cour des comptes concernant l'Éducation nationale est celle de décalage. J'avoue : j'aime la Cour des comptes, j'ai un penchant attendri et un respect réel pour ces dignes collègues, hauts fonctionnaires neutres et exhaustifs occupés à examiner la façon dont nos élus dépensent l'argent public, notre argent. Ils travaillent en silence, loin des tweets et des manœuvres politiciennes, malheureusement souvent dans l'indifférence générale. Il faut dire qu'un rapport de la Cour des comptes, ce n'est pas sexy, ni vendeur. Mais la réalité, elle non plus, n'est pas sexy. Elle est bien trop complexe pour être vendue en une ou deux *punchlines* crétinisantes.

Donc, le décalage. Le rapport de 2010 conclut carrément : « Au total, tous les acteurs et les experts auditionnés par la Cour ont estimé que [...] l'enseignement scolaire était caractérisé par un décalage entre ses objectifs et son organisation[1]. » En 2013, un autre rapport insiste, la gestion du ministère apparaît « en décalage avec chacun [des] principes qui encadrent officiellement

---

1. *L'Éducation nationale face à l'objectif de la réussite de tous les élèves*, rapport thématique, Cour des comptes, mai 2010, p. 26.

notre institution[1]. » En 2015, un nouveau rapport public thématique est consacré à l'école. La Cour s'obstine et revient à la charge en concluant : « Enfin, l'enquête conduite par la Cour fait apparaitre que la démarche d'individualisation du suivi des élèves est en complet décalage avec l'organisation actuelle de l'enseignement scolaire[2]. » Se répète encore et toujours ce constat d'une institution qui n'est pas organisée et gérée en cohérence avec les principes et objectifs fixés par la loi.

« Vœu pieu » selon la Cour des comptes, « mode incantatoire » selon l'Inspection générale de l'Éducation nationale : le ministère semble nourrir l'attente mystique et exaltante d'un miracle face à une réalité de plus en plus incohérente et dégradée. Pendant que nos ministres sont toujours plus photogéniques et communicants, la vieille machine anachronique et poussive subit des vagues sans fin de réformettes incohérentes et précipitées. Vous devriez faire attention, mesdames et messieurs les ministres successifs de l'Éducation nationale : il y a des êtres humains là-dedans. Il y a même des enfants.

Dans un souci de cohérence, je souhaite donc relier les principes affichés avec les données objectives. Mettre les faits en regard des mots.

---

1. *Gérer les enseignants autrement*, op. cit., p. 26.
2. *Le suivi individualisé des élèves*, op. cit., p. 21.

Il était une fois... la vie rêvée de l'école face à sa réalité.

Éducation...

Prenons les termes un à un, en commençant par éducation. Qu'est-ce qu'éduquer ? Vaste question, les opinions divergent et les passions s'expriment. Si l'on s'arrête à la définition du Larousse, qu'on peut raisonnablement considérer comme un terrain neutre, voici ce qu'il en est.

Éduquer v.t.
1/ Former quelqu'un en développant et en épanouissant sa personnalité.
2/ Développer une aptitude par des exercices appropriés : *Éduquer la volonté.*
3/ Développer chez quelqu'un, un groupe, certaines aptitudes, certaines connaissances, une forme de culture : *Éduquer le téléspectateur par des émissions scientifiques.*
4/ Faire acquérir à quelqu'un les usages de la société : *Où t'a-t-on éduqué pour parler de cette façon ?*

La première définition a si peu de rapport avec notre école que son surgissement inopiné me fait le même effet qu'une majorette couverte de paillettes souriant dans un ascenseur rempli de cols blancs à la mine terne. Il peut arriver, bien sûr, qu'« épanouir la personnalité » des élèves soit effectivement un objectif visé et atteint de manière exceptionnelle par des collègues dans l'école de la République. Mais on rejoint plutôt ici le paradigme de courants alternatifs et marginaux tels que la méthode Montessori ou Steiner. Il est amusant de constater que les parents et enseignants réellement impliqués dans ces approches sont le plus souvent catalogués comme des allumés arborant des pâquerettes dans leurs trous de nez, déconnectés de la réalité, quelque part entre de doux rêveurs utopistes et de dangereux inadaptés subversifs.

Notre système, à l'opposé d'une idée d'épanouissement de l'élève, fabrique du mal-être à grande échelle. Après avoir lu la première partie de ce livre et peut-être ma lettre ouverte de novembre dernier, je suppose que vous n'êtes pas surpris(e) de ce constat. Ici encore, malheureusement, une étude institutionnelle neutre et bien sous tous rapports vient le confirmer. Selon la célèbre enquête internationale PISA[1], la France

1. *Program for International Student Assessment* ou Programme international pour le suivi des acquis des élèves. Ensemble d'études menées par l'OCDE visant à mesurer les performances des systèmes éducatifs des pays membres et non membres.

est un mauvais élève pour ce qui est de l'ambiance scolaire.

Certes, tous les élèves français ne développent pas de phobie scolaire et ils restent majoritaires, comme dans la moyenne des pays ayant participé à l'enquête, à penser que l'école les aide à prendre des décisions et leur apprend des choses qui pourront leur être utiles dans leur future vie professionnelle. Ouf, l'école a toujours du sens. En tout cas, elle sert à quelque chose, comme nos élèves le déclarent. Mais ils s'y sentent mal. Notre prestigieuse école de la République se classe ainsi avec constance « parmi les pays de l'OCDE où le niveau d'anxiété est le plus élevé ». Sur une soixantaine de pays, nous affichons également la proportion la plus basse d'élèves déclarant se sentir bien à l'école. Sur ce point, nous remportons la palme absolue. Aujourd'hui, en France, un peu moins d'un élève sur deux se déclare le bienvenu à l'école. Vous regardez vos élèves et vous vous dites que la moitié se sentirait mieux ailleurs. La France, pays des Lumières, patrie des droits de l'Homme, grande puissance internationale qui aime tant se dresser sur ses ergots, devancée par l'Albanie, la Roumanie, le Qatar, le Kazakhstan, l'Indonésie, la Tunisie et j'en passe, sur le terrain du droit au bien-être des enfants à l'école. La distribution de bonnets d'âne n'est pas terminée. Nos élèves se distinguent également par leur manque de confiance en eux et une angoisse plus vive face à la notation et la compétition scolaire. Nous nous classons également parmi les pays où la discipline est le moins respectée[1]. Quel palmarès.

Pour résumer, nous sommes sur le podium de l'indiscipline, très insécurisante pour nos élèves, du niveau d'anxiété et du sentiment de ne pas être le bienvenu à l'école.

Par ailleurs, l'Éducation nationale affirme que 9 % des élèves, entre le CE2 et le lycée, sont victimes de harcèlement. Presque un enfant sur dix subit des agressions physiques ou verbales répétées. Selon les statistiques officielles, il s'agit pour la moitié de ces enfants d'un harcèlement sévère qui a de lourdes conséquences sur leur état émotionnel, physique ou leur scolarité. En tant qu'enseignante, je sais que nous autres, adultes, sommes responsables de cette réalité. Quand un enfant est harcelé, les actes sont collectifs. Le problème du harcèlement concerne donc la classe entière et non pas seulement la victime identifiée. Selon ces chiffres donc, en moyenne, dans chaque classe, deux élèves sont harcelés par le reste du groupe, dont un « de manière "sévère" avec de lourdes conséquences sur

---

1. PISA 2012, note « France ».

102

[son] état émotionnel, physique ou [sa] scolarité[1] ». Je sais par expérience que les rapports
que nos élèves établissent entre eux dépendent
du cadre que nous installons comme de notre
capacité à leur apprendre à vivre ensemble sans
subir. Encore faut-il se donner pour objectif une ambiance de classe apaisée, sereine et
coopérative, ce qui est objectivement rarement
le cas. Le problème du harcèlement scolaire
est en lien direct avec le constat d'une école
particulièrement indisciplinée. L'institution est
responsable des ambiances de ses classes, pas
nos élèves. À mes yeux, c'est l'école elle-même
qui génère le harcèlement. Vouloir y répondre
comme s'il s'agissait d'un problème de plus qui
aurait ses racines à l'extérieur revient à pla-
quer quelques sparadraps sur un corps gan-
grené par une infection généralisée.

J'affirme donc que notre système scolaire est
plus anxiogène qu'épanouissant : la première
définition du mot éducation proposée par le
Larousse ne convient pas à notre école.

Les autres définitions évoquent des compétences à acquérir pour développer des aptitudes culturelles et sociales, par des exercices
« appropriés ». Une démarche qui part donc

---

1. http://www.rtl.fr/actu/societe-faits-divers/infographie-l-
ampleur-du-harcelement-scolaire-en-chiffres-7776495918.

de l'élève, là où, dans les faits, « l'obsession des programmes[1] » rabâchés domine. Comme le souligne la Cour des comptes en 2015, « le paradigme général demeure celui de l'uniformité : les programmes sont identiques pour tous et le rythme annuel d'avancement est le même pour tous les élèves, en contradiction avec la volonté institutionnelle[2] » affichée, en contradiction, donc avec la pseudo-mise en place des cycles et du socle commun. Dans l'ensemble nous gérons nos élèves comme nous sommes, nous autres enseignants, gérés : par « une gestion de masse uniforme et inégalitaire[3] », abreuvant nos élèves, qu'ils aient soif ou non, de savoirs et de notions dont le déroulé didactique structure les saisons.

À l'heure, à la semaine, à la période, à l'année, les disciplines et leurs notions organisent et segmentent la vie de la classe. Fiche de préparation, emploi du temps, progressions, programmations. Des documents fixés sur le papier avant même d'avoir rencontré et évalué vos élèves. Des documents sacrés et plus importants que vos élèves. Les documents essentiels à votre inspection. Dans ce contexte, l'enjeu

---

1. Jean-Paul Delahaye, *Grande pauvreté et réussite scolaire, op. cit.*, p. 26.
2. *Le suivi individualisé des élèves, op. cit.*, p. 103.
3. *Ibid.*, p. 60.

de gestion de classe consiste à avoir des élèves suffisamment passifs pour ingurgiter, ou feindre silencieusement d'ingurgiter, cette succession ininterrompue de notions décousues, segmentées par disciplines académiques, donc absurdes. Le tout selon un rythme qui ne correspond à aucun élève en particulier mais à tous les élèves théoriques d'une classe type, celle qu'on vous a accoutumé à fantasmer à l'IUFM[1] ou à l'ESPE[2].

L'IUFM, ça nous apprenait en effet essentiellement à rédiger des fiches de prép', c'est-à-dire à inventer des séances types pour des classes imaginaires. Exercice répétitif et lassant décliné jour après jour selon des contraintes immuables : une discipline, la (ou les) compétence(s) à faire acquérir aux élèves, le niveau officiel de la classe en question. Concrètement, et sans entrer dans le distingo compétences/objectifs ni employer les termes précis des programmes officiels, vous appreniez par exemple à rédiger une fiche de prép' en mathématiques pour faire comprendre le fonctionnement du tableau à double entrée à une classe de CP virtuelle, ou bien encore, en histoire, vous rédigiez une fiche de prép' pour faire comprendre à des CM2 théoriques

1. Institut universitaire de formation des maîtres, qui a succédé à l'école normale pour « former » les enseignants.
2. École supérieure du professorat et de l'éducation, qui a succédé à l'IUFM pour « former » les enseignants.

les enjeux déclencheurs de la Seconde Guerre mondiale. Et ainsi de suite, dans toutes les disciplines. On appelle ça une entrée didactique : on aborde l'enseignement avec, comme perspective d'entrée, le sujet enseigné et la manière de le décortiquer pour le rendre assimilable dans l'absolu. En l'occurrence, je considère que j'ai été formée pour faire face à des élèves abstraits. La didactique est normalement complémentaire de la pédagogie, qui se fonde sur les besoins de l'élève pour établir le chemin vers la compétence ou le savoir à acquérir.

La pédagogie nécessite une connaissance de la psychologie de l'enfant, une maîtrise de la circulation de la parole dans un groupe, une expertise poussée des différents types de chemins cognitifs à proposer aux élèves en fonction de leurs logiques propres, etc. Le mot pédagogie apparaît partout dans les lieux de formation des enseignants, mais la pédagogie et ses multiples enjeux sont absents de notre formation. Didactique, didactique, didactique, sans relâche et sans faiblir. Mes amis de la Cour des comptes regrettaient en 2015 la persistance d'un « enseignement collectif ou frontal qui consiste à dispenser le même enseignement, de la même façon et en même temps, à un groupe d'élèves », qualifiant de « notoirement insuffisante » la formation des enseignants « à la démarche de suivi individualisé »[1].

C'est très pratique, une classe virtuelle, à bien des égards. Avec des élèves abstraits, vous pouvez planer avec grâce dans les hautes sphères de l'esprit sans vous préoccuper des nez qui coulent, des crises de larmes, des coups reçus à la maison, des élèves harcelés par les petits copains à la récréation... Vous n'avez pas à gérer l'écart entre Salim qui a compris votre phrase avant que vous l'ayez finie et Maëlle pour qui vous n'êtes pas sûr d'allumer une lueur de compréhension même après vingt reformulations, pendant que Melody s'endort faute de pouvoir bien le faire chez elle, que Chelsy est sur le point d'éclater en sanglots parce que Clio lui a *fait fâche*[2], qu'Antonio a compris la consigne mais ne peut réaliser l'exercice parce qu'il ne sait pas écrire, etc.

Quoi qu'il en soit, personnellement, quand je me suis retrouvée face à de vrais êtres humains, ça ne m'a pas été d'une grande utilité, de savoir rédiger des fiches de prép'.

Bien sûr, on vous a appris à positionner de manière bien visible une rubrique « Différenciation », dans laquelle vous proposez des adaptations

---

1. *Le suivi individualisé des élèves, op. cit.*, p. 12 et 86.
2. Variation idiomatique du traditionnel « T'es plus ma copine ! » en vogue actuellement dans les cours de récréation.

pour les fameux élèves en difficulté. Mais *quid* des élèves les plus rapides, les précoces, ceux qui raisonnent de manière analytique plutôt que synthétique, ou bien l'inverse suivant l'approche, ceux qui construisent mieux dans l'échange et ceux qui sont plus à l'aise dans un travail individuel ? Tous sont en droit d'attendre un travail utile et adapté à leurs capacités et besoins. La fiche de prép', avec sa rubrique « Prérequis » (connaissances et compétences nécessaires pour aborder la nouvelle notion), vous amène de plus à faire l'impasse sur une réalité : chaque élève de votre classe a des prérequis réels différents. Ce n'est pas parce que vous avez « déjà fait » en classe votre leçon de grammaire sur l'identification du verbe dans la phrase que tous vos élèves l'ont comprise, acquise et systématisée.

De fait, dans la vie réelle, on peut constater qu'il y a très peu d'individus pleinement représentatifs de la norme, à l'image de ce qui est projeté pour eux sur le papier. Avec la fiche de prép', vous faites comme si c'était le cas, et vous perdez de vue l'objectif affiché de réussite de tous les élèves.

Résultat, nous sommes désemparés : les enseignants (ici du second degré) interrogés par la Cour des comptes pour son rapport de 2010 « ont indiqué qu'ils considéraient avoir été formés pour enseigner leur discipline, mais que l'exercice du métier leur démontrait de façon quotidienne qu'il fallait aussi aider les élèves, alors qu'ils n'y avaient pas été préparés[1] ». Tout d'un coup, comme dirait le maire de Marseille, la pratique de notre métier nous apprend qu'il faut aider les élèves. Et que nous ne savons pas le faire.

Et le sujet reste malheureusement épineux après la refondation de l'école et la mise en place des ESPE. De l'avis d'un monsieur du sérail qui porte plus volontiers la cravate que le keffieh, hors de l'enseignement disciplinaire, toujours point de salut dans la formation des enseignants[2]. Le plus gros volume horaire est centré sur l'approche didactique, donc décomposé en disciplines. Le reste, tout le reste, est regroupé en une liste merveilleuse : la gestion de classe, les dialogues familles/professeurs, les conseils de classe, agir avec les acteurs de l'établissement, apprendre à apprendre, processus d'apprentissage, construction de l'estime de soi, comment je parle aux élèves, santé/bien-être, etc.

Cette liste merveilleuse n'est qu'une incantation de plus, puisque l'inspecteur général affirme que, « compte tenu des contraintes horaires, il est difficile d'imaginer autre chose qu'un survol

---

1. *L'Éducation nationale face à l'objectif de la réussite de tous les élèves, op. cit.*, p. 83.
2. Jean-Paul Delahaye, *Grande pauvreté et réussite scolaire, op. cit.*, p. 130.

des contenus ». Comme le reconnaît d'ailleurs un responsable d'ESPE, « il s'agit ici d'affichage[1] ». Un affichage géant.

Le terme éduquer, qui sous-entend une recherche d'épanouissement de la personnalité de l'enfant et une approche plus pédagogique que didactique, ne convient donc pas à notre institution scolaire. Je propose un verbe qui me semble plus approprié, que je laisse à nouveau le soin au Larousse de définir.

Dresser, v. t.
1/ Rendre docile un animal, l'habituer à des comportements qu'on exige de lui : *Dresser un cheval sauvage.*
2/ Faire acquérir par des exercices répétés un comportement, une aptitude : *Soldats que l'on dresse au maniement des armes.*
3/ Faire acquérir à quelqu'un, par la contrainte, une discipline : *Dresser des élèves.* (Il s'agit bien de l'exemple du dictionnaire, je n'invente rien.)

L'organisation d'ensemble de notre système tend à imposer le respect de la règle sans réflexion, de manière pavlovienne. L'école a tendance à produire des individus passifs et irresponsables.

----

1. Jean-Paul Delahaye, *Grande pauvreté et réussite scolaire, op. cit.*, p. 130.

Son organisation au quotidien, en caricaturant à peine, laisse aux enfants le choix entre subir, c'est-à-dire répondre aux attentes de l'institution en s'asseyant sur leur libre arbitre, ou alors se rebeller sans finesse ni pertinence, c'est-à-dire risquer de se rapprocher dangereusement, de punitions en blâmes et exclusions, de la case prison.

La formation citoyenne de nos élèves est sinistrée. 70 % des enseignants déclarent d'ailleurs, avec une fraîcheur déconcertante, que la formation à la citoyenneté ne fait pas selon eux partie de leurs missions[1]. Cela permet de mesurer, pour changer, le gouffre entre les textes et la réalité. Un rapport du Conseil national d'évaluation du système scolaire (CNESCO), paru en janvier 2015, porte sur l'apprentissage de la citoyenneté dans l'école française et titre : *Un engagement fort dans les instructions officielles, une réalité de terrain en décalage.* « Derrière cette façade d'un engagement massif dans l'éducation à la citoyenneté », cet apprentissage est en fait « un parent pauvre de l'éducation ». On y lit encore : « Les valeurs citoyennes de la République apparaissent hors sol et désincarnées[2]. » J'ajoute que

---

1. *L'Éducation nationale face à l'objectif de la réussite de tous les élèves, op. cit.*, p. 84.
2. *Apprentissage de la citoyenneté dans l'école française*, rapport du Conseil national d'évaluation du système scolaire (CNESCO), janvier 2015, p. 3 et 4.

les valeurs de justice, d'égalité, de liberté, de responsabilité citoyenne sont souvent en contradiction complète avec le quotidien vécu par les enfants ou adolescents en milieu scolaire, que les élèves peuvent aller jusqu'à décrire eux-mêmes comme un climat d'« impunité ambiante[1] », ce qui est anxiogène et destructeur.

Dans l'ensemble donc, nos élèves apprennent à obéir par conditionnement, et non pas parce qu'on leur apprend à réfléchir, ce qui est pourtant possible dès la maternelle.

Par ailleurs, la logique de notre système est une logique de sélection, de notation et d'exclusion qui correspond tout à fait au dressage pour la compétition, avec ses *stimuli* négatifs et positifs, ses objectifs immuables à atteindre et ses itinéraires préétablis. Un inspecteur général, qui ne consomme jamais de psychotropes dans des champs de coquelicots, écrit ainsi : « À l'origine, notre enseignement du second degré a été conçu essentiellement pour permettre une sélection entre les élèves. Le constat n'est certes pas nouveau mais il n'est pas inutile de le rappeler. Témoin, cette circulaire publiée par Jules Ferry le 28 septembre 1880 : « "Les professeurs se plaignent généralement d'avoir à subir des élèves

---

1. http://www.madmoizelle.com/harcelement-scolaire-parole-harceleuses-180989.

mal préparés, hors d'état de suivre avec fruit les exercices de la classe, et qui sont un embarras pour le maître, un mauvais exemple pour leurs camarades. [...] Les examens de passage [...] dégagent les classes d'un élément de gêne et d'affaiblissement, en dirigeant vers de nouvelles voies les esprits qu'on aurait voulu contraindre à suivre malgré eux un enseignement qui ne leur convient pas." On ne saurait être plus clair : à l'origine, le second degré ne peut accepter des élèves qui sont un "embarras" pour le maître et un "mauvais exemple pour leurs camarade". Les examens de passage, et le verbe utilisé est violent, "dégagent les classes d'un élément de gêne et d'affaiblissement", permettant de séparer le bon grain de l'ivraie[1]. » Fin de citation.

Cette logique selon laquelle l'école formate et trie les enfants, reléguant ceux qui seraient *a priori* inadaptés au système, est toujours à l'œuvre. Les paroles d'enseignants rapportées par Jules Ferry font tristement écho à de trop nombreux commentaires que j'ai pu entendre en salle des maîtres. C'est cette logique, en pleine contradiction avec les objectifs aujourd'hui affichés par l'école, qui explique en partie le décalage entre les textes et le terrain, selon la Cour

---

1. Jean-Paul Delahaye, *Grande pauvreté et réussite scolaire, op. cit.*, p. 88.

des comptes : « Le système éducatif français est ainsi traversé de contradictions, dont celle, fondamentale, entre une vision méritocratique de l'école, conduisant à une sélection des meilleurs élèves, et une vision plus globale, orientée vers la réussite de l'ensemble des élèves. »

Comme le chantent en chœur tous les experts validés comme tels, l'école française a relevé le défi de la massification, mais pas celui de la démocratisation. Comment rester démocratique avec une école plus industrielle que citoyenne ?

Ainsi, si nous voulons parler juste, il nous faudra nous contenter du terme dressage en lieu et place du terme éducation.

… *nationale*

L'adjectif « national » est également à remettre en question. Qu'en dit le Larousse ?

National, adjectif.
1/ Relatif à une nation ; qui appartient à une nation, par opposition à international : *Hymne national.*
2/ Qui intéresse le pays tout entier, par opposition à régional, local : *Les concours nationaux.*
3/ Qui représente le pays tout entier : *La volonté nationale.*

Le récent scandale marseillais et la mobilisation en Seine-Saint-Denis du ministère des Bonnets d'âne prouvent que notre école n'est plus nationale. De fait, la décentralisation de la prise en charge des bâtiments scolaires et des moyens pédagogiques n'ayant pas été assortie d'une norme nationale à respecter, chaque territoire fait comme il peut, ou comme il veut. Avec la réforme des rythmes scolaires, les disparités s'accroissent. Certaines mairies ont ainsi demandé une participation financière aux parents au titre des temps d'activités périscolaires (TAP). Et pendant que la ministre visite un atelier équestre dans le cadre des TAP, nos parents d'élèves *prioritaires* doivent parfois lutter âprement pour leur simple mise en place. Pour obtenir finalement des animateurs mal formés et mal payés qui n'ont pas trois feutres pour mener leurs activités.

Il faut ajouter à cela des écarts conséquents dans les budgets pédagogiques. *Le Figaro* signale ainsi que « dans les écoles primaires, les crédits scolaires varient de un à dix. Soit de 13 à 130 euros par élève et par an. En effet, si le salaire des enseignants est à la charge de l'État, l'entretien, l'équipement, etc., échoient aux communes. D'où de fortes disparités, notamment pour le financement des sorties scolaires et l'équipement en informatique [...] Alors que 17 % des écoles déclarent entre 15 et 30 euros de crédit par élève, 6 % ont plus de 75 euros, la moyenne tournant autour de 47 euros. Ces disparités concernent tous les domaines[1]. »

Je précise que rien n'a été fait depuis 2011, date de parution de cet article, pour contrecarrer ce constat, bien au contraire. Les enseignants continuent de s'interroger sur les forums Internet, et nous arrivons à la même conclusion : « Une fois de plus, l'Éducation n'a guère de nationale que le nom…[2]. »

Les disparités et incertitudes réglementaires sont monnaie courante dans les discussions entre collègues. Je me souviens d'une enseignante qui avait débuté dans les Hauts-de-Seine, dans une classe de grande section où chaque enfant disposait d'une tablette numérique. L'école était belle, agréable, climatisée. Dans sa classe, une immense baie vitrée donnait sur un jardin verdoyant. Le mobilier était ergonomique, dans des matériaux agréables et colorés. Elle m'en parlait avec émerveillement et nostalgie. Elle me faisait rêver.

Puis elle a été mutée à Marseille, dans une de ces écoles délabrées et sous-équipées des

---

1. http://www.lefigaro.fr/actualite-france/2011/10/23/01016-20 111023ARTFIG00254-ecole-primaire-les-ressources-varientde-un-a-dix.php.
2. forums-enseignants-du-primaire.com.

quartiers nord. La transition lui a fait l'effet d'une douche froide.

À ces conditions matérielles inégales, ajoutez le fait que les enseignants les moins expérimentés sont concentrés dans les écoles repoussoirs, celles qui ont mauvaise réputation, sans pouvoir donner leur avis. Les moins expérimentés ne sont pas forcément les moins compétents, bien entendu, mais, au vu de l'inadaptation de la formation que nous recevons, nos compétences professionnelles en tant que débutants dépendent de notre personnalité, de notre capacité d'auto-formation et d'endurance, ainsi que de notre bonne volonté. À moins d'avoir la chance d'entrer dans une équipe soudée qui vous soutient réellement.

À tout cela s'ajoute encore les conséquences du recrutement territorial des enseignants du premier degré. Le concours est beaucoup plus facile à réussir dans les départements considérés comme peu attractifs, généralement pour cause de surreprésentation des écoles classées ZEP. Les effets pervers de ce nivellement effectif du recrutement sont décuplés par la pénurie de candidats ces dernières années, ce que les esprits chagrins de la Cour des comptes appellent « une crise d'attractivité du métier d'enseignant devenue inquiétante[1] ». Le concours serait donc plus facile à

---

1. *Gérer les enseignants autrement*, *op. cit.*, p. 12.

obtenir faute de candidats. On est en droit de s'interroger sur la qualité du recrutement. Ah, attendez, non, on me dit dans mon oreillette que, selon les derniers tweets et discours de notre ministre sur le sujet, le problème serait réglé.

N'en déplaise aux trompettes gouvernementales, cette crise est toujours d'actualité, malgré un léger fléchissement.

2013 fut une année particulièrement faste. Dans l'académie de Créteil, le seuil d'admission a chuté de 9/20 en 2012 à 4,1/20. Avec une moyenne de 4,1/20 aux épreuves d'admission, on vous donnait un poste à vie, la responsabilité de générations d'enfants, et aucune formation digne de ce nom. 2013 fut aussi l'année d'un record historique : 41 % de réussite au concours de recrutement de professeurs des écoles (CRPE). Le taux de réussite s'est légèrement infléchi, mais nous sommes toujours bien au-dessus du taux moyen de 22 % des vingt années précédentes, avec 38 % de réussite au concours pour la session 2015. Cela suffit à justifier des cris de victoire tonitruants au sommet de la pyramide.

Quoi qu'il en soit, le taux de réussite au concours varie toujours considérablement sur le territoire. En 2015, dans l'académie de Montpellier, pour 308 postes ouverts, 1 322 personnes se sont présentées, soit un peu plus de cinq candidats pour un poste. Dans l'académie de Créteil, pour 1 540 postes ouverts, 1 912 personnes se sont présentées. Soit cinq candidats pour... quatre postes[1].

Sensible au problème de la Seine-Saint-Denis, grâce aux parents et collègues mobilisés, la ministre a souhaité cette année éviter les problèmes récurrents de la pénurie d'enseignants dont souffre le département en ouvrant un concours complémentaire. J'admire à nouveau la splendeur du sparadrap. Et je cite *Le Figaro* qui s'en est fait l'écho : « La mesure devrait concerner principalement la Seine-Saint-Denis, département réputé difficile, que redoutent de nombreux jeunes professeurs. Doté de 500 places, ce concours spécifique ouvert aux titulaires d'un master visera à attirer des candidats qui n'ont pas réussi le concours dans d'autres académies plus recherchées. Il aura "les mêmes exigences que le concours habituel (mêmes épreuves écrites et orales)", précise le ministère de l'Éducation nationale[2]. » Ce concours est destiné aux candidats ayant échoué là où les élèves ont meilleure réputation, mais le niveau d'exigence est identique. Il me semble qu'il y a dans cette affirmation un problème de logique évident. Cela

---

1. http://www.devenirenseignant.gouv.fr/cid98680/donnees-statistiques-des-concours-de-recrutement-de-professeurs-des-ecoles-de-la-session-2015.html.
2. http://www.lefigaro.fr/flash-actu/2015/01/26/97001-20150126 FILWWW00183-l-academie-de-creteil-recrute-500-professeurs.php.

reste toujours mieux que de recruter en CDD des chômeurs volontaires sans concours ni formation, comme cela a déjà été fait, avec les résultats que l'on pouvait prévoir. Mais la stratégie du gouvernement actuel ne résout pas le fond du problème, une fois n'est pas coutume.

En avril 2016, selon la Fédération des conseils de parents d'élèves (FCPE) et les collectifs des Bonnets d'âne du 93, 400 classes du primaire étaient chaque jour sans enseignant dans le département, faute de remplaçants. Il a fallu 200 écoles occupées pour que notre ministre admette qu'il y avait là un problème urgent à résoudre.

Et se renforce à ce niveau également « l'espèce de loterie nationale » que redoutait Condorcet, pour nous comme pour nos élèves. En clair, si c'est une loterie, c'est qu'il n'y pas de norme nationale, donc pas d'égalité. Un inspecteur général, déjà abondamment cité ici, a d'ailleurs écrit : « À ce niveau atteint par les inégalités, il devient absurde et cynique de parler d'égalité des chances, c'est à l'égalité des droits qu'il faut travailler. »

Donc, comme je souhaite rester objective et que je refuse de me montrer absurde ou cynique, le terme national est retoqué. Je propose territorial, qui a le mérite d'être neutre. Vu l'effet d'amplification des inégalités sociales que ces disparités occasionnent, on pourrait même envisager

des épithètes plus violentes, tant cette territo-
rialisation est scandaleuse. Ministère du Dressage ségrégatif, par exemple, me paraît séduisant.
Mais on risquerait de m'accuser de vénérer des
figures révolutionnaires subversives sous l'em-
prise de la drogue.

Territorial, adjectif
Propre au territoire, qui relève du territoire.

Voilà. Je reste neutre. Bienvenue au ministère
du Dressage territorial.

Quand nos élus s'exaltent sur un champ de ruines : quelques incantations barbares à regarder en face

Le « mode incantatoire[1] » dénoncé par l'inspection générale elle-même nous permet à tous de dormir sur nos deux oreilles, en prétendant ne pas voir le mur sur lequel nous fonçons à tombeau ouvert.

Incantation n° 1 : L'école est la première priorité nationale

L'école n'est pas la première priorité nationale. L'éducation est, de fait, noyée dans un ensemble de priorités non explicitées et contradictoires.

---

1. « Nous ne pourrons indéfiniment prôner le "vivre ensemble" sur le mode incantatoire et dans le même temps abandonner sur le bord du chemin une partie des citoyens », Jean-Paul Delahaye, *Grande pauvreté et réussite scolaire, op. cit.*, p. 162.

Un des objectifs prépondérants du pilotage effectif de l'école est la sanctification de l'ego des ministres successifs, en cohérence avec l'ambiance de campagne électorale permanente qui mine notre démocratie.

Quel que soit votre bord politique, si votre objectif est d'être réélu et d'acquérir encore plus de pouvoir, il serait malvenu d'entamer une réforme en profondeur. C'est fatigant, ça prend du temps, ça vous oblige à vous heurter à toute l'administration qui regarde défiler les ministres d'un œil goguenard, ça soulève les passions nationales au-delà du raisonnable et, de toute façon, il y a de fortes chances pour que ce soit votre successeur qui en récolte les lauriers. Pour ne pas avoir trop l'air de cracher sur de vieilles promesses dont certains pourraient avoir le mauvais goût de se souvenir, vous en êtes réduits à la stratégie du sparadrap. Vos conseillers en communication se chargent de la remaquiller en fresque héroïque du changement profond, histoire qu'on se souvienne de vous. Vous voilà condamné par la fièvre du pouvoir à vous exalter sur un champ de ruines, quelles que soient votre personnalité et la sincérité de votre engagement. Discours fiévreux, tweets hyberboliques, mises en scène obscènes de séquences narratives falsifiées dans votre intérêt : vos conseillers en communication vous permettent de faire plus de bruit que les malades qui crient sous les décombres. Et s'ils crient vraiment trop fort, jetez-leur un sparadrap et récupérez l'événement pour démontrer une nouvelle fois que vous êtes le sauveur que tout le monde attendait. Marquez l'histoire de votre patte personnelle avec des réformettes creuses mais bien troussées et des tweets ineptes. N'oubliez pas de sourire. Enfoncez des portes ouvertes, mais avec conviction : « L'enfant n'est pas un être abstrait, c'est une personne[1]. » (Merci patron ! On risquait de l'oublier !) Mentez, mais avec une conviction sincère et des accents mystiques dans la voix : « Le terrain, voilà le maître mot de notre politique », ou encore, à vos administrés : « Vous êtes irremplaçables[2]. » On vous présente un rapport accablant sur le fonctionnement de l'administration dont vous êtes responsable ? Glorifiez la « tâche exaltante » qui vous attend. Mettez en avant votre sainte détermination. Appelez-en à une nécessaire « ardente patience ». Ou bien diabolisez les méchants d'en face : l'opposition, qui était aux commandes avant votre divine apparition, est la

1. Discours prononcé par Najat Vallaud-Belkacem au cours du séminaire de formation en vue de la mise en œuvre des recommandations du rapport *Grande pauvreté et réussite scolaire*, lycée François-Rabelais, Paris 18e, mercredi 14 octobre 2015.
2. Discours tenu le 1er avril 2016 par Najat Vallaud-Belkacem à l'ESENESR de Poitiers.

vraie responsable de tout ce qui va mal[1]. Souriez, toujours.

Mais je ne vous apprends rien, bien sûr. Peu importe la personne en place, peu importe le parti au pouvoir, le délire politico-médiatique a pris son essor avec les médias de masse et nous a habitués à la politique spectacle. Une tendance à son apogée frénétique à l'heure de la com' 2.0 et de l'*infotainment*. Cette agitation électorale permanente réduit la chose publique à une narration séquencée de la compétition politicienne pour le pouvoir, alors même que la majorité des citoyens est déçue par l'offre politique et fatiguée d'assister aux combats grotesques des ambitieux. Concernant l'école, cette dérive explique ce que la Cour des comptes décrit comme un « pilotage défaillant[2] » doublé d'une « vision stratégique incertaine[3] ». Nous autres enseignants constatons au quotidien, année après année, à quel point « la multiplication des réformes, leurs calendriers toujours précipités de mise en œuvre au sein du système éducatif ainsi que les insuffisances observées dans l'accompagnement des acteurs

---

1. www.najat-vallaud-belkacem.com/2016/04/14/rapport-de-lunicef-bilan-innocenti-13-contribution-utile-a-la-mobilisation-pour-faire-reculer-la-pauvrete-des-enfants/.

2. *Le suivi individualisé des élèves, op. cit.*, p. 55.

3. *Ibid.*, p. 45.

de terrain[1] » nous mettent des bâtons dans les roues pour enseigner sereinement.

Mais nous ne sommes pas irréprochables non plus. À l'heure où le chômage semble menacer tout un chacun tel un loup au coin du bois, les hussards de la République ont été remplacés par les déserteurs du marché privé du travail. Un marché sinistré pour beaucoup de surdiplômés. Qui pourrait nous reprocher de rechercher une stabilité matérielle personnelle ? Personne. C'est le lot commun. Certes, mais notre intérêt personnel ne devrait pas prendre le pas sur celui de nos élèves. C'est pourtant ce que nous affichons, pour une grande majorité d'entre nous. Ainsi, en ESPE, des formateurs regrettent que les futurs enseignants négligent les enseignements qui leur semblent éloignés de leurs préoccupations premières. La réussite de tous les élèves n'en fait pas partie, tant nous sommes concentrés sur nos objectifs immédiats : préparer le concours l'année du master 1 – donc se concentrer sur les connaissances académiques – et en master 2 « obtenir des "recettes" en vue d'être titularisé[2] ». Dans la suite de notre « carrière », l'institution nous encourage à poursuivre dans cette voie. Nous sommes évalués de

---

1. *Le suivi individualisé des élèves, op. cit.,* p. 98.
2. Jean-Paul Delahaye, *Grande pauvreté et réussite scolaire, op. cit.,* p. 131.

manière individuelle. Nous choisissions et obtenons nos postes en fonction de critères personnels, monnayant nos années en ZEP contre des points pour pouvoir s'en échapper, accumulant l'ancienneté qui nous permettra d'être « peinards » ailleurs, préférant garder le même niveau de classe que l'année précédente même si c'est au détriment d'une organisation d'ensemble de l'école adaptée aux effectifs et besoins des élèves, refusant de travailler en équipe pour ne pas bousculer nos habitudes.

Nous sommes formés pour faire le contraire de ce que l'institution dit attendre de nous, puis assommés de commandes institutionnelles contradictoires et croissantes... quand il faut déjà lutter pour endiguer l'invasion du métier dans toutes les sphères de notre vie. Dans cet étau, notre repli se manifeste le plus souvent par l'abandon de tout ce qui ne concerne pas directement le programme tel que mis en œuvre entre les murs de notre classe et tout ce qui ne concerne pas uniquement les élèves inscrits au registre de notre cahier d'appel. Ce qui, comme on l'a vu, aggrave les dysfonctionnements dramatiques de l'école.

Mais enfin, il faut quand même reconnaître que l'État français consacre une part importante de son budget à l'éducation, c'est donc bien une priorité nationale !

Certes. Nous dépensons beaucoup d'argent pour l'école. Mais n'importe comment, sans priorités, sans objectifs clairs, sans perspective de long terme. Lorsqu'une priorité est réelle, la méthode et l'organisation sont cohérentes avec les résultats qu'on prétend chercher à atteindre. Ce n'est pas le cas aujourd'hui – constat partagé, je le répète, avec la Cour des comptes. N'oublions pas, par ailleurs, que la première priorité budgétaire nationale est la réduction de la dette publique. Avec leur honnêteté inconditionnelle, les rapporteurs de la Cour des comptes ne manquent pas de le rappeler, évoquant « le contexte difficile des finances publiques françaises » et la stricte nécessité du « respect de la trajectoire de retour à l'équilibre de nos comptes »[1] qui encadre toute décision financière ministérielle.

Mais alors, où trouver l'argent pour financer les réformes ? La commission sénatoriale de l'éducation sur le projet de loi de finances pour 2016 émet une hypothèse farfelue sur le sujet. L'avis, présenté le 19 novembre 2015, qualifie en effet les mesures scolaires prévues pour 2016 de « réformes contestables dont le financement repose sur les collectivités locales ». « Votre rapporteur pour avis considère qu'il est inadmissible qu'une telle charge soit imposée de manière

1. *Gérer les enseignants autrement*, *op. cit.*, p. 135.

129

unilatérale aux communes, déjà étranglées par la baisse des dotations de l'État et par les coûts engendrés par les nouveaux rythmes scolaires. En application du principe "qui décide paie[1]". » Le rapporteur suggère au ministère de financer lui-même sa réforme. Et toc.

Nous avons pu voir à quel point les collectivités locales ne peuvent se montrer garantes d'un service public équitable et transparent si aucune surveillance citoyenne ne s'en mêle.

Est-il permis de poser la question de la légitimité de la dette publique française et de la dépendance aux marchés financiers internationaux qu'elle occasionne ? Je suppose que non. Mais je le fais quand même. Il me semble qu'un système de croyances, aussi financier soit-il, est moins important que le présent de nos enfants ou que l'avenir de la citoyenneté dans notre société.

1. Avis n° 168 présenté par M. Jean-Claude Carle et Mme Françoise Férat, sénateurs, au nom de la commission de la Culture, de l'Éducation et de la Communication sur le projet de loi des finances pour 2016, adoptée par l'Assemblée nationale, Tome III, « Enseignement scolaire ».

Incantation n° 2 : L'école est conçue et organisée en fonction des élèves

Comme le rabâche la Cour des comptes sur un ton de plus en plus amer, « ce postulat ne se vérifie pas dans les faits[1] », conclusion partagée en 2015 par l'IGEN et le Conseil national d'évaluation du système scolaire (CNESCO). Comme nous l'avons vu, l'organisation tient plus de la gestion industrielle des stocks que de l'« atelier d'humanité » prôné par notre ministre[2].

Soyons honnêtes. L'école est conçue et organisée en fonction des savoirs académiques à transmettre. Elle repose sur une gestion de masse uniforme et inégalitaire qui développe la passivité plus que le libre arbitre, condition de la citoyenneté. Elle met en œuvre les principes de compétition, de sélection et d'exclusion, ce qui angoisse les enfants. Son pilotage se caractérise à la fois par une stratégie incertaine et par la multiplication de réformes précipitées.

---

1. *L'Éducation nationale face à l'objectif de la réussite de tous les élèves, op. cit.*, p. 166.
2. Formule extraite du discours prononcé le lundi 21 mars 2016 par Najat Vallaud-Belkacem à l'occasion du lancement avec le président de la République François Hollande de la Semaine d'éducation et d'actions contre le racisme et l'antisémitisme.

Incantation n° 3 : Les établissements
prioritaires ont plus de moyens que les autres

Propos entendus en salle des maîtres en ZEP : « Il faut bien commencer un jour, mais pas avec nos propres enfants. » « J'habite juste à côté de l'école, mais hors de question de scolariser ma fille ici. » En clair, l'enseignement dispensé dans l'école où nous travaillons vaut bien pour les petits de la cité (rassurez-vous, le collègue en question habite dans un pavillon en bordure de ladite cité), mais pas pour nos propres enfants. Pourtant, cette école est prioritaire, elle dispose de moyens supplémentaires, non ?

Non.

Enseigner dans une école prioritaire, ça veut dire quoi ?

Sur le plan matériel, il n'y a aucune priorité. Au contraire, les écoles de seconde zone, aux murs défraîchis, au mobilier fatigué et aux étagères peu fournies sont monnaie courante. Les écoles de ZEP sont en général moins bien entretenues et moins bien équipées que les autres. L'écart est parfois scandaleux, il me semble l'avoir déjà illustré.

Cela dépend des mairies et je ne vais pas y revenir.

Mais qu'en est-il des moyens alloués par le ministère ?

Les dépenses se limitent strictement à la gestion des enseignants : montant des salaires et primes, nombre de postes ouverts, postes spécifiques répondant à des dispositifs particuliers.

Le ministère vous accorde une prime d'une centaine d'euros par mois. Mais ça, ça va dans votre poche, pas à vos élèves. Le ministère vous offre des points de barème si vous parvenez à rester trois ans de suite en ZEP. Mais, ça, ça avantage votre plan de carrière, le crédit de la voiture, ça vous permet d'acheter des croquettes de meilleur qualité pour Chaminou, bref, ça concerne votre organisation personnelle. Ça n'apporte rien à vos élèves.

Concentrons-nous un peu. Où se cache la priorité ? Hypothèse logique : le ministère finance plus d'enseignants pour les écoles ciblées comme prioritaires, parce que les élèves ont des besoins prioritaires.

Même pas. Très concrètement, selon le rapport 2015 de l'IGEN, le nombre moyen d'élèves par classe à la rentrée 2013 était de 24,2 dans les écoles hors ZEP, contre 22,75 dans les écoles de l'éducation prioritaire. En moyenne, 1 élève complet et une paire de jambes en moins. Ça change tout.

Mais, depuis 2013, l'école a été refondée et donc l'école prioritaire aussi !

Pour ceux qui croiraient encore que cette refondation a réglé le problème, élargissons la perspective. Les publications officielles de la Direction générale de l'enseignement scolaire (DGESCO) indiquent une légère baisse du nombre d'élèves par classe dans le premier degré à la rentrée 2015. Attention, vous êtes assis ? Nous sommes passés de 23,7 élèves par classe en moyenne en 2014 à 23,67 à la rentrée 2015. Soit 0,03 élève de moins dans une classe. Les différences relevées entre départements pointent clairement la volonté politique d'une véritable priorité donnée à l'éducation rurale : le nombre d'élèves par classe est le plus élevé en Essonne (25,29). Il est en revanche plus faible en Lozère (15,21), et dans le Cantal (17,74).

Autre hypothèse logique : le ministère affecte des enseignants avec une formation ou un profil adaptés aux zones sensibles.

Non plus. Comme le regrette la Cour des comptes, « il n'existe finalement pas de périmètre de gestion où soient mis en cohérence la gestion des enseignants, le contexte local d'enseignement et les besoins des élèves ». Les affectations se font en fonction du barème de chacun. Ce sont préférentiellement les plus récents dans le métier que l'on affecte dans les écoles où personne ne veut aller, parce qu'ils ont moins de points que les autres.

Il n'y a donc pas plus de livres, d'ordinateurs ou de ballons de basket, mais moins. Le bâtiment n'est pas plus accueillant, il l'est moins. L'effectif n'est pas nettement moins important, juste un élève par classe, et encore, c'est une moyenne ; on peut monter à 30 comme n'importe où ailleurs. Vous et vos collègues êtes en moyenne plus jeunes que les enseignants des écoles ordinaires, donc vous coûtez moins cher à l'État. Vous avez moins d'expérience, êtes aussi mal formés qu'ailleurs et aussi peu soutenus par votre hiérarchie que dans l'ensemble du système. Mais où est la fichue priorité annoncée ?

Les journées REP+ peut-être ? Ces journées merveilleuses où l'on vous oblige, parfois au pied levé, à abandonner votre classe à des collègues qui viennent d'être titularisés pour qu'ils se prennent des chaises dans la figure ? Si vous ne saviez pas quoi faire le lendemain, vous aurez quatre affiches à recoller et deux à refaire, trente-sept feutres à trier, dont dix à reboucher et vingt-sept à jeter, deux conflits majeurs avec coups et blessures caractérisés à régler entre vos élèves, et cinq autres conflits larvés mais non moins explosifs à plus long terme. Notez qu'il y a de fortes chances que la mise en place des nouveaux rythmes scolaires vous ait déjà habitué(e) à récupérer votre sanctuaire en mode post-apocalypse, les salles de classe ayant été réquisitionnées pour les « animations » où pas mal d'animateurs, sans formation, vivent l'enfer. Mais après une journée REP+, vous le ferez le cœur léger. Quoi de mieux en effet pour vos élèves que de faire n'importe quoi pendant que vous passez une journée à faire semblant de réfléchir à un thème inepte imposé par la circo ?

À moins d'avoir la chance de travailler dans une de ces écoles pour lesquelles le projet d'école n'est pas qu'une formalité et qui se sont vraiment saisies de ce dispositif. Prenant ainsi le risque d'être mal vues par leur inspecteur de circonscription pour être sorties de la commande institutionnelle applicable de manière stricte et uniforme sur leur petit territoire.

Mais qu'y a-t-il donc de prioritaire ? Un Réseau d'aide et de soutien des élèves en difficulté (RASED) renforcé ? Ne rêvez pas. Un médecin scolaire[1] disponible ? Non, rien de tout ça. Au mieux, vous avez la chance de tomber sur une équipe soudée, dynamique et inventive. Le constat

---

1. La pénurie est dramatique : environ un poste sur deux pourvu au national, comme le souligne le rapport de l'IGEN de 2015 *Grande pauvreté et réussite scolaire*, sachant que le nombre prévu est déjà dérisoire puisque chaque médecin est censé veiller à la santé de plusieurs milliers d'élèves. Rappelons que, en 2011, Michel Hervieu, vice-président national de la FCPE et président de la FCPE 93 s'est vu contraint d'envoyer une lettre à l'ONU, à l'OMS et à Médecins sans frontières, pour réclamer l'intervention dans les écoles d'organisations humanitaires afin de compenser le manque de médecins scolaires dans son département.

posé en 2013 par la Cour des comptes est toujours vrai : « La réforme du système éducatif est désormais une impérieuse nécessité. Aujourd'hui, c'est grâce à des solutions informelles et des initiatives locales des équipes pédagogiques et de l'encadrement, que la dégradation du système n'est pas plus importante et plus rapide[1]. »

La récente mise à plat des allocations de moyens corrige certes quelques aberrations d'attribution de postes entre les académies. La prise en compte du critère social est une bonne chose également, on se demande même comment la politique éducative pouvait être qualifiée de prioritaire sans la prise en compte de ce critère. C'est toujours ça de pris, mais ça ne change pas la donne. Dans les faits, il est clair que ça ne suffira jamais à inverser une tendance de fond qui court depuis plusieurs décennies.

L'expression d'une véritable volonté politique en faveur des écoles prioritaires consisterait à abandonner ces dispositifs coûteux et périphériques pour se recentrer sur l'essentiel. Il est possible que ça revienne moins cher au contribuable. Pourquoi ne pas instaurer une norme nationale pour encadrer le financement municipal, limiter strictement le nombre d'élèves par classe et

---

1. *Gérer les enseignants autrement, op. cit.*

affecter des enseignants ayant réellement terminé leur formation ? Bref, garantir une école décente.

Si, en plus, le nombre de postes en RASED[1] et de médecins scolaires pouvait être à la hauteur des affichages, ce serait presque le paradis.

Mais non. Les dispositifs mis en place dans le cadre de la refondation de l'école pour sauver les ZEP ne sont qu'une série de leurres requalifiée en merveilleux changement. Sans compter que si l'école jouait réellement son rôle, si notre école était organisée à l'image des textes glorieux qui sont censés l'encadrer, c'est-à-dire assurait une « mixité sociale des publics scolarisés au sein des établissements d'enseignement[2] », nous n'aurions même pas besoin d'une politique d'éducation prioritaire.

Tous nos élèves sont prioritaires. Comme le rappelle le sociologue Serge Paugam, il s'agit de « poser la question du respect du droit des enfants, non pas en ciblant *a priori* ceux qui risqueraient d'en être dépourvus, mais en s'adressant de façon parfaitement démocratique et citoyenne à tous[3] ».

---

1. Ces réseaux composés d'enseignants ayant validé l'une des différentes certifications complémentaires au CRPE visent à fournir des aides spécialisées à des élèves en difficulté dans les classes ordinaires, à la demande des enseignants de ces classes.
2. Article L111-1 du chapitre Ier du Code de l'éducation.
3. Serge Paugam, *Écoutons ce que les enfants ont à nous dire : l'intégration sociale des enfants, de fortes inégalités. Consultation nationale des 16-18 ans 2013*, UNICEF France, 2013, p. 37.

Incantation n° 4 : La priorité au primaire

> Ce que l'on donne à un enfant, il le
> rend un jour. Et ce qu'on lui refuse,
> il le refuse. Et le mal qu'on lui fait, il
> peut le faire.
>
> Martin Gray, *Le Livre de la vie*

Le primaire, malgré les annonces réitérées et l'évidence du bon sens, est toujours le parent pauvre de l'Éducation nationale. Là encore, l'usage du mot prioritaire est mensonger. Je précise ici la troisième définition proposée par mon petit livre rouge, le Larousse : « Fait pour quelque chose d'être considéré comme plus important que quelque chose d'autre, de passer avant toute autre chose : *Priorité donnée à la lutte contre l'inflation.* » Pour rester sobre, disons que la réalité est encore une fois en « décalage » avec ce beau principe affiché.

Selon une note de l'OCDE de 2015, la France présente « un déséquilibre flagrant dans la répartition de sa dépense d'éducation entre le primaire et le secondaire. Les dépenses par élève dans le deuxième cycle du secondaire [...] sont ainsi 32 % plus élevées que la moyenne OCDE, tandis que celles du collège sont équivalentes [...] et que celles du primaire sont 15 % inférieures à la moyenne de l'OCDE[1] ». Au niveau budgétaire, on donne bien la priorité au deuxième cycle secondaire. Les différentes réformes en cours s'adressent avant tout au secondaire : parcours individualisés au lycée, plan numérique au collège, augmentation des bourses au lycée, revalorisation des fonds sociaux dans le second degré, réforme du collège... Vous voulez jouer à nouveau à « Cherchons la priorité ? » Je suppose que non. On a beau être joueur, on se lasse des quêtes inutiles. Moi, j'abdique.

Les réformes actuelles n'annoncent pas un changement de cap majeur, comme le souligne la commission sénatoriale qui a présenté un avis au budget de l'enseignement pour 2016, sous le titre : « Un déséquilibre persistant au détriment de l'enseignement primaire[2] ». La priorité affichée dans les faits se résume à la scolarisation des enfants de moins de trois ans en ZEP et au dispositif plus de maîtres que de classes. Ces dispositifs ciblés vont bénéficier à une toute petite minorité des enfants que nous scolarisons.

---

1. *Regards sur l'éducation 2015 : les indicateurs de l'OCDE*, OCDE, note « France ».
2. Avis n° 168 présenté par M. Jean-Claude Carle et Mme Françoise Férat, sénateurs, au nom de la commission de la Culture, de l'Éducation et de la Communication, sur le projet de loi de finances pour 2016, adopté par l'Assemblée nationale, Tome III, « Enseignement scolaire ».

Là encore, n'oublions pas d'où vient notre école. « La mission de l'enseignant a été largement définie, à l'origine, par référence à celle des professeurs d'université : elle s'est fondée sur la dispense d'un cours disciplinaire face à un public d'élèves [de jeunes adultes policés], en vue d'assurer leur formation intellectuelle et leur réussite aux examens nationaux[1] », rappelle la Cour des comptes en 2013. D'où les propos de Jules Ferry repris par l'IGEN et déjà retranscrits plus haut. Nous regroupons donc nos élèves par classes d'âge comme des produits manufacturés dont la date de fabrication serait l'unique dénominateur commun pertinent, pour leur faire ingurgiter un programme établi d'avance. Et voilà qu'une incroyable découverte se fait jour : ce système est absolument inadapté aux enfants ! J'irai même jusqu'à dire que ce système méprise les jeunes enfants, qui ont le nez qui coule et qui ne savent même pas résoudre une équation à deux degrés. Rien de surprenant dans un pays qui met à l'honneur une approche académique de l'enseignement.

Si la priorité au primaire était réelle, nos collègues du collège n'auraient pas la tristesse d'assister au débarquement successif des promotions d'illettrés que nous leur envoyons, des enfants déjà dégoûtés du système scolaire, soit

---

1. *Gérer les enseignants autrement*, op. cit., p. 25.

complètement passifs, soit révoltés jusqu'au sang. J'encours ici l'accusation de mépriser mes élèves en les traitant d'illettrés mal éduqués. Or c'est justement parce que je les respecte et que je sais par expérience que nous les formatons selon les logiques que nous mettons en œuvre et non pas celles que nous affichons que la situation me révolte. Je sais ce que tous nos élèves peuvent devenir si nous, adultes, leur proposons un cadre juste et exigeant, mobilisons en profondeur leur envie d'apprendre et les accompagnons dans leur apprentissage de la socialisation comme dans leur besoin d'émancipation. Je sais aussi ce qu'ils peuvent devenir si nous leur imposons des programmes absurdes, une attitude passive et l'anxiété, sinon l'injustice, au quotidien.

En continuant à mépriser les émotions de nos élèves les plus jeunes, en acceptant de leur proposer un contexte scolaire quotidien anxiogène parce que mal géré et mal organisé, nous les condamnons au sous-développement de leur capacités intellectuelles et nous sabordons leur capacité à poursuivre une scolarité utile et sereine dans le second degré. Nous hypothéquons leur futur comme celui de notre société.

La priorité au primaire n'est pas qu'une question de budget. Il est urgent de réorganiser l'école primaire pour qu'elle respecte chacun de ses élèves. Il nous faut des enseignants bien formés, bienveillants, exigeants et travaillant en équipe. Ça n'est pas le cas et il ne suffit pas de le dire pour que cela change.

À l'heure où j'écris, on annonce une revalorisation de nos salaires. Si l'annonce est suivie d'effets, cela nous permettra peut-être de remiser au moins l'un de nos bonnets d'âne au placard. Selon une note déjà citée de l'OCDE, qui date de 2015, les enseignants français « ont des salaires statutaires nettement inférieurs à la moyenne des pays de l'OCDE. [...] Après inclusion des primes et autres allocations versées aux enseignants, l'écart se creuse entre les niveaux d'enseignement à l'avantage des enseignants du secondaire[1] ». La note précise également que, en France, « le temps d'enseignement des enseignants devant les élèves est 30 % supérieur dans l'enseignement primaire par rapport à ceux qui enseignent au collège ». Situation atypique que nous partageons avec un seul pays, la Turquie. Rétablir un semblant d'équilibre dans ce traitement injuste me semble une bonne chose. Peut-être cela aidera-t-il à résorber quelque peu la crise des vocations qui pèse sur le recrutement. Mais, pour les élèves, l'enjeu essentiel ne

---

1. *Regards sur l'éducation 2015 : les indicateurs de l'OCDE*, art. cit.

sera pas résolu. Il nous faut mettre fin à l'école de l'angoisse.

Incantation n° 5 : La prise en compte de la difficulté scolaire passe par des dispositifs adaptés

C'est l'école qui est inadaptée aux enfants. Rien ne sert de multiplier les dispositifs ciblés en périphérie d'un système absurde.

Mes héros silencieux de la Cour des comptes ne disent pas autre chose lorsqu'ils regrettent, en 2015, que « si le ministère considère que c'est avant tout au sein de la classe, pendant les cours habituels, que sont mis en œuvre par les enseignants les moyens de répondre aux besoins de leurs élèves, il n'en a pas moins multiplié les dispositifs de prise en charge extérieure de la difficulté scolaire, là où d'autres systèmes scolaires poussent au contraire très loin la logique de prise en charge de tous les élèves dans le dispositif d'enseignement commun[1] ».

Toujours daté de 2015, le rapport de l'Inspection générale de l'Éducation nationale déjà cité affirme que « bien plus de la moitié des enfants ne sont pas connivents avec l'école ». Cette distance

---

1. *Le suivi individualisé des élèves, op. cit.*, p. 29.

est « traitée de deux grandes manières à l'école. Soit par la méconnaissance – c'est le cas le plus fréquent –, soit par la disqualification. […] Compenser les désavantages dont seraient victimes certaines catégories de population ne doit pas être sous-tendu par une conception selon laquelle la cause des difficultés scolaires serait tout entière du côté des populations concernées. Cette hypothèse dédouanerait d'interroger le fonctionnement du système éducatif, les pratiques de ses agents (de la classe jusqu'aux directions centrales du ministère) et leur part de responsabilité dans la production des inégalités scolaires. […] La création de dispositifs particuliers pour les élèves en difficulté conduit le plus souvent à constituer des voies de relégation[1] ». La multiplication des dispositifs « a surtout eu pour effet de rendre l'école illisible pour les familles et de ne rien changer au reste du système. […] Si l'on veut réformer les pratiques pédagogiques, c'est bien le cœur de la classe qu'il faut viser[2]. »

Une école qui profite à tous est une école qui s'adresse à chacun, et qui assume pleinement

---

1. Propos tenus par Jean-Yves Rochex, professeur à l'université de Paris VIII, lors de l'audition du CESE du 6 janvier 2015, cités p. 68 et 69 par Jean-Paul Delahaye dans *Grande pauvreté et réussite scolaire*, *op. cit.*

2. Jean-Paul Delahaye, *Grande pauvreté et réussite scolaire*, *op. cit.*, p. 69 et 70.

d'afficher dans son Code de l'éducation qu'elle « reconnaît que tous les enfants partagent la capacité d'apprendre et de progresser », et que « le service public de l'éducation fait acquérir à tous les élèves le respect de l'égale dignité des êtres humains ».

Conséquences de l'école de la terre brûlée : une infection généralisée sous de splendides pansements

La capacité du système scolaire français à assurer la réussite de tous les élèves est médiocre.

Rapport de la Cour des comptes de 2013

Lire, écrire, compter : l'échec de l'école

Notre école montre des résultats tout à fait satisfaisants en termes de réussite scolaire... (Je laisse ici volontairement un silence, avant de finir ma phrase.)... pour une minorité des enfants scolarisés en France. (La majorité restante n'a malheureusement pas forcément les moyens de se replier sur le privé.)

Je paraphrase ici de mémoire les propos malicieux d'un inspecteur général honoraire de l'Éducation nationale[1], tenus à l'occasion du lancement

---

1. Jean-Paul Delahaye.

du rapport Innocenti de l'UNICEF, le 14 avril 2016. Notre école réussit donc tout à fait à scolariser décemment son cœur de cible. Notre système scolaire est conçu et organisé pour une minorité d'élèves, et il est efficace pour cette minorité d'élèves. C'est déjà pas si mal, notez bien. Un enfant qui entre à l'école avec une culture générale et une maîtrise de la langue française déjà bien installées par les pratiques culturelles de ses parents, un profil cognitif en parfaite adéquation avec la norme standardisée par le séquençage institutionnel des programmes, n'aura *a priori* pas trop de soucis à se faire. Si ce n'est pas le cas, on vous aura prévenus : il participera à la merveilleuse « loterie nationale » qu'est devenue notre école. Et plus on s'écarte de la « norme », plus augmente le risque d'échec scolaire et d'orientation sur une voie de garage.

En conséquence, nos résultats en termes d'apprentissages effectifs sont fort peu glorieux. Notre niveau de performance moyen baisse et l'écart entre ceux qui s'en sortent et ceux qui chutent augmente de manière dramatique. Encore une fois, il ne s'agit pas d'une opinion, mais d'un constat réaffirmé en 2015 par la Cour des comptes et l'IGEN. Plus d'un élève sur cinq (22 %) est en échec scolaire[1].

---

1. *L'Éducation nationale face à l'objectif de la réussite de tous les élèves, op. cit.*, p. 10.

D'après mon expérience, écrire une phrase simple au présent de l'indicatif avec un vocabulaire courant est un défi que peu d'élèves sont capables de relever sans erreurs, y compris en fin de CM2.

Lorsque les résultats alarmants de l'enquête PISA 2012 ont été publiés, la réaction française a été de « taper sur le thermomètre », formulation empruntée à mon comparse inspecteur honoraire. Aujourd'hui, on reconnaît leur gravité, ce qui a permis à notre ministre de requalifier les résultats catastrophiques du rapport de l'UNICEF en « réquisitoire contre la politique éducative de la droite » puisqu'il était fondé sur les résultats de PISA 2012. Ça alors ! Un renversement de situation serait-il advenu depuis ? Une amélioration sensible qui aurait échappé à tous les acteurs de terrain ainsi qu'à l'Inspection générale de l'Éducation nationale et au regard sourcilleux de la Cour des comptes ? À moins que toutes ces instances soient peuplées de menteurs éhontés ! Mais alors, les sénateurs sont aussi dans le coup qui parlent en 2015 d'« une dégradation inquiétante des acquis des élèves à l'issue du CP » ? On aurait également falsifié les résultats officiels des évaluations nationales ? Je conseille à notre ministre d'intenter un procès à la réalité.

L'école renforce les inégalités

Fin 2013, *Le Monde* titrait : « La France, championne des inégalités scolaires ». « Y aura-t-il un "choc PISA" ? [...] Les résultats de cette enquête triennale, publiés mardi 3 décembre, révèlent que la France bat des records d'injustice. Que son école, prétendument pour tous, est d'abord faite pour une élite, mais se révèle incapable de faire réussir les enfants les moins privilégiés. Elle en est même de moins en moins capable[1]. »

Notre école renforce les inégalités sociales. Chez nous, « la corrélation entre le milieu socio-économique et la performance est bien plus marquée que dans la plupart des pays de l'OCDE. [...] Le système français est plus inégalitaire [...] et les inégalités sociales se sont [...] aggravées[2] ».

Je pose la même question que les experts de l'inspection générale en 2015 : « Pourquoi ne parvenons-nous pas à changer une organisation du système éducatif qui accroît à ce point les inégalités[3] ? » Question restée sans réponse officielle.

---

1. http://www.lemonde.fr/ecole-primaire-et-secondaire/article/2013/12/03/classement-pisa-la-france-championne-des-inegalites-scolaires_3524389_1473688.html.
2. PISA 2012, note « France », p. 1.
3. Jean-Paul Delahaye, *Grande pauvreté et réussite scolaire, op. cit.*, p. 14.

Un des ressorts essentiels de l'inégalitarisme de notre système repose sur l'absence de mixité sociale qui nous caractérise. Les écoles ghettos sont une réalité dramatique que le CNESCO qualifie de « bombes à retardement », alertant sur l'importance d'une politique volontariste de retour à une forme de mixité face à « l'ampleur du séparatisme social qui marque notre système scolaire ». La présidente du CNESCO regrette que : « Sur le terrain, les "ghettos" scolaires sont connus, dénoncés, mais leur invisibilité statistique demeure[1]. » Vous avez pu lire dans la première partie de cet ouvrage dans quelles conditions j'ai commencé à enseigner. La première école qui m'a accueillie était typiquement une école ghetto, et les enfants en subissaient les conséquences de plein fouet. 95 % des élèves venaient d'une communauté non francophone entassée dans une cité en périphérie de la ville. Plus de 90 % de leurs parents étaient sans emploi. La cité était gangrenée par le trafic de drogues dures, le sida et le prosélytisme agressif d'une secte. Le tout résultait pour partie d'une série de choix politiques clientélistes fort peu démocratiques, pour partie d'une intolérance marquée vis-à-vis des membres de cette communauté, pour partie d'un

---

1. *Constats sur la mixité sociale en France*, rapport du Conseil national d'évaluation du système scolaire (CNESCO), janvier 2015, p. 1.

réel problème de positionnement identitaire pour un certain nombre des membres de cette communauté, pour partie de nombreux autres facteurs qu'on ne saurait lister. En clair, ce n'était pas la « faute » de chacun de ces gosses ni de leurs parents pris individuellement s'il y avait un tel niveau de violence. Pour un enfant né dans un tel contexte, être scolarisé dans une école ghetto équivaut à une double peine.

De nombreux enseignants sur tout le territoire en témoignent auprès de leurs proches et peuvent affirmer : « Il n'y a plus de mixité ici, on est dans un autre monde[1] », comme l'affirme ce collègue, en poste dans une école de Saumur. On notera que la ville de Saumur n'est pas réputée pour ses quartiers chauds. Aucun réalisateur n'aurait l'idée de venir y tourner un film comme *La Haine*. Et pourtant, à Saumur comme ailleurs, ce qui compte, ce n'est pas la chute, c'est l'atterrissage.

En concentrant les difficultés, les souffrances et la violence, on nous fait enseigner la boule au ventre, on cultive l'angoisse des élèves et on vide l'école de son sens. Nous autres enseignants savons que plus une école est mixte, plus son

---

1. Jean-Paul Delahaye, *Grande pauvreté et réussite scolaire*, *op. cit.*, p. 92.

ambiance est agréable. Au contraire, dans un établissement ghetto, la peur suinte des murs et vous dégouline sur la peau. Une collègue du secondaire évoque dans son livre « l'intervention d'un reporter de guerre de *Libération* durant une matinée dans un collège des Hauts-de-Seine. Après coup, il nous avait avoué trouver le front moins redoutable qu'une salle de classe[1] ».

Ces journalistes, tout de même. Ils n'ont vraiment rien vu du monde.

1. Élisée Lacascade, *Quartiers nord-Comores, Carnet de voyage dans un collège marseillais*, L'Harmattan, 2011, p. 39.

Pour conclure

Un choix de société

L'être humain ne peut se contenter d'attendre et de critiquer. [...] Le destin de l'humanité sera tel que nous le préparons.

Albert Einstein, Comment je vois le monde

Dans le contexte scolaire actuel, nous, enseignants, en sommes réduits à désobéir aux circulaires, aux commandes de notre hiérarchie, parfois ouvertement à nos inspecteurs de circonscription, pour respecter l'esprit des textes.

Je connais la directrice d'une école maternelle officiellement « prioritaire » à Marseille, dont les élèves maîtrisent la lecture à la fin de la grande section. Quand elle vous en raconte le quotidien, elle ne peut pas retenir un : « On ne dirait pas l'école. » Un ami, enseignant brillant et passionné qui enseigne en élémentaire dans une école des quartiers nord, décrit sa classe avec la même impression : « Ce n'est pas une classe. » Et pourtant, c'est une classe, les élèves travaillent, progressent et se respectent. L'inspectrice de circonscription qui l'a récemment inspectée ne s'y est pas trompée puisqu'elle a qualifié son travail d'*exceptionnel* dans son rapport d'inspection. Un travail pourtant mené avec des élèves repérés par leurs enseignants précédents comme une promotion indisciplinée et violente dont il n'y avait pas grand-chose à tirer.

Ces exemples n'ont rien d'anecdotique et mon amie de la Cour des comptes constate elle aussi que les écoles qui respectent le Code de l'éducation doivent se heurter à leur cadre réglementaire. « Si des fonctionnements en équipe très performants existent [...] ils sont dus à la configuration particulière des établissements concernés (capacité d'entraînement de la direction, bonne volonté des équipes, etc.) et adviennent en quelque sorte "malgré" le cadre de gestion[1]. » La Cour enfonce le clou en 2015 : « La Cour a pu observer [...] à quel point la communauté enseignante comme les équipes de direction savent et peuvent se mobiliser [...] Y parvenir suppose [...] de surmonter l'ensemble des dysfonctionnements du système éducatif dont les

---

1. *Gérer les enseignants autrement*, op. cit., p. 56.

dispositifs de suivi individualisé des élèves ne sont que le révélateur [...]. Cela implique de tels efforts de la part de l'« ensemble des acteurs » que ces cas relèvent d'un « exploit collectif » ou de la « bonne volonté exceptionnelle des équipes locales »[1].

Ces éléments brillants respectent une autorité juste, et non pas le pouvoir, à mille lieues de la passivité ambiante.

Le défi de la démocratisation de l'enseignement exige une véritable révolution de nos pratiques et représentations scolaires. À s'obstiner à l'annoncer sans la mettre en œuvre, nous courons le risque que le constat de son inefficacité soit posé. Ce qui pourrait justifier un retour à une école ouvertement organisée sur une instruction frontale, d'inspiration militaire, qui nierait sans complexe la dimension de formation citoyenne et humaine et imposerait une scolarité encore plus inefficace, servile et inégalitaire.

Les solutions sont connues. Elles ne sont pas mises en œuvre. Nos élus ne jouent pas leur rôle, préférant nous étourdir par un flot d'images et de fantasmes, privilégiant leur carrière politique au mépris des engagements pour lesquels nous les avons portés au pouvoir. À nous de décider si nous préférons nous en accommoder ou rêver mieux pour nos enfants.

---

1. *Le suivi individualisé des élèves, op. cit.*

Si nous voulons laisser une chance à nos enfants de connaître la citoyenneté plutôt que la soumission à l'arbitraire, commençons par jouer notre rôle. Réinvestissons le politique. Cessons de déserter les urnes tant que nous n'avons pas trouver mieux. Proposons, questionnons, débattons, agissons.

Ne laissons pas la chose publique aux mains des malheureux atteints pas la fièvre du pouvoir.

Je laisse le mot de la fin à un élève scolarisé dans un lycée qui met réellement en œuvre le Code de l'éducation, avec un projet pédagogique fondé sur la solidarité et la coopération, le lycée Le Corbusier à Aubervilliers, dans l'académie de Créteil. L'entretien qu'il a eu avec un conseiller du CESE (Conseil économique, social et environnemental) venu visiter l'établissement a été transcrit comme suit dans un rapport de l'Inspection générale de l'Éducation nationale.

« Au cours de la discussion qui a suivi la présentation par les élèves et les personnels de l'établissement des actions conduites, la mission a relevé un échange très éclairant entre un conseiller et un élève.

« *Conseiller :* Ne pensez-vous pas que la pression, l'évaluation, la saine concurrence, l'esprit de compétition, la réussite matérialisée par les notations, c'est quand même aussi l'apprentissage de ce qui va vous arriver dans peu de temps, à savoir l'apprentissage de la vie sociale et professionnelle ? Car, demain, compte tenu de vos capacités et de votre capacité de réflexion, vous aurez certainement des responsabilités dans la société – en tout cas j'espère que vous aurez même de très hautes responsabilités dans la société – et que, tout cela, c'est aussi l'apprentissage de ce qui, demain, va être votre vie sociale et professionnelle. Car le monde du travail, c'est la compétition, c'est la notation, c'est l'évaluation, c'est la concurrence et c'est aussi, de temps en temps, beaucoup de plaisir à travailler ?

« *Élève :* C'est vrai que, dans le monde professionnel de notre société capitaliste, il y a beaucoup de concurrence, surtout entre les employés pour garder leur poste ou même pour avoir un poste. Néanmoins, il me semble aussi qu'il y a des entreprises qui sont basées sur la solidarité. Peut-être est-ce le modèle social de notre société dans sa globalité qu'il faut changer, mais, en tout cas, je soutiens fermement que c'est par la solidarité que l'on parvient à avancer dans les meilleures conditions.

« En effet, finalement, écraser l'autre, si c'est vraiment cela notre objectif, je ne pense pas qu'on arrive à une atmosphère de travail si saine que cela et je me demande si ce sont ces résultats que l'on veut vraiment obtenir. Si la question est de savoir si la concurrence nous pousse à travailler, peut-être, mais je pense que c'est plutôt la considération pour l'autre qui nous pousse à travailler, et, en tout cas, la volonté d'aider l'autre peut aussi nous aider à travailler, et pas seulement la mise en concurrence[1]. »

La tentation de l'émancipation se heurte à la maladie du pouvoir, parce que l'émancipation est, par définition, subversive.

Former des citoyens éclairés n'en reste pas moins la condition *sine qua non* d'un système démocratique. Contribuons à relancer un cycle de démocratisation qui stagne et menace de régresser. Pour une société qui respecte nos enfants et les leurs à venir, qu'ils s'appellent Karim, Miguel, Soibahadine, Kaïna, Louise ou Hugo.

1. Jean-Paul Delahaye, *Grande pauvreté et réussite scolaire*, *op. cit.*, p. 108.

Lettre ouverte
à Mme Najat Vallaud-Belkacem

Ministre de l'Éducation nationale

Marseille, le 30 novembre 2015

Madame la Ministre,

Je vous écris cette lettre parce que ma colère d'enseignante m'empêche de vivre, et, pire encore, de travailler.

La crise de l'Éducation nationale en France n'est plus un mystère pour personne. Si l'école est au bord du gouffre aujourd'hui c'est que s'y télescopent plusieurs crises profondes que notre société et notre monde traversent depuis quelques décennies déjà. Crises économique, sociale, politique, morale, identitaire... dont l'école devient la caisse de résonance, il serait vain et bien trop facile d'incriminer un coupable. Nous en sommes tous responsables, chacun à notre niveau.

Je ne remets en question ni votre engagement personnel ni votre éthique professionnelle.

Mais vous êtes ministre, vous détenez donc l'autorité politique à ce jour en matière d'Éducation nationale en France, et vous en êtes responsable devant le Parlement et face aux citoyens.

Je me demande si vous connaissez la réalité de l'enseignement en France aujourd'hui. J'aimerais tant vous inviter à venir dans l'école où je travaille, mais sans caméras ni micros, sans discours ni comptes rendus sur les réseaux sociaux.

Au petit matin nous pourrions déplacer ensemble la grosse pierre qui ferme la porte d'entrée de l'école depuis que la serrure a été forcée une fois de trop. Nous pourrions passer ensemble une délicieuse matinée dans notre classe à la douillette température de 13°. Nous ferions bien attention de ne pas nous prendre les pieds dans les trous tout à fait ludiques qui égayent le revêtement au sol et qui nous rappellent que sous les dalles se trouve l'amiante. Avant de descendre à la récréation, nous aiderions les élèves à mettre écharpes et manteaux en veillant à ce que les lourds portemanteaux déjà bien abîmés par le temps ne leur tombent pas sur la tête. Dans les escaliers, nous serions également là toutes les deux pour retenir l'une des grosses planches pointues qui menacent également de choir lamentablement sur les enfants, comme cela est déjà arrivé par deux fois. À 11 h 30, après nous être mouchées pour rester présentables, nous pourrions aller nous réchauffer ensemble dans la minuscule salle des maîtres. La vie étant bien faite, la panne définitive de notre frigo est compensée par le froid régnant dans nos locaux, et nous pourrions manger de la nourriture non avariée. Comme nous sommes des humains comme les autres, nous irions faire la queue devant l'unique W.-C. pour adultes de l'école, et ce sera très amusant puisqu'il n'y a pas de lumière à l'intérieur. À 13 h 20, nous repartirions pour une autre demi-journée, plus pimentée encore après la tumultueuse pause méridienne. La pause cantine vous promet en effet de nombreux conflits à régler quotidiennement sur votre temps de classe, puisque le taux d'encadrement municipal y est si bas qu'il permet aux enfants de défier les règles de l'école, souvent avec violence, malgré l'implication du personnel. À l'issue d'une si belle journée, nous serions reconnaissantes qu'aucun incident susceptible de déclencher un feu ne se soit produit dans cette école de construction Pailleron, qui brûle intégralement en sept minutes et dont l'alarme incendie dysfonctionne.

Vous l'avez peut-être deviné, je travaille dans une de ces zones dites prioritaires. Pardon, Prioritaires, avec un grand P.

Marseille, quartiers nord. Une de ces écoles en décrépitude où les enseignants, assez souvent en état de survie psychique, ont pris l'habitude de trouver normales les conditions que nous imposons à nos élèves, même s'ils les trouveraient insupportables pour leurs propres enfants. Travailler à 38° les après-midi de juin et de septembre, à moins de 15° les matins de novembre, décembre, janvier et février. Avoir des fenêtres qui ne ferment pas, ou qui ne s'ouvrent pas, suivant la manière dont les années ont choisi d'imposer leurs marques. Savoir que l'expertise concernant la présence fort probable d'amiante dans nos locaux ne préoccupe personne, même si les faux plafonds bâillent et que les sols sont troués. Sentir le vent sur notre nuque, toutes fenêtres fermées. Ne pas pouvoir utiliser le gymnase, fermé pour vétusté avérée depuis des années. Devoir recouvrir nos murs lépreux, griffonnés par d'anciens élèves qui doivent aujourd'hui avoir notre âge, de grandes feuilles de couleur pour cacher la misère. Ne pas avoir assez de tables et de chaises dans sa classe pour pouvoir accueillir tous ses élèves, et donc bricoler en récupérant à gauche à droite, du mobilier dépareillé et plus ou moins fonctionnel.

Voir défiler au casse-pipe les collègues débutants.

Les collègues envoyés en remplacement pour les fameuses journées REP+ imposées par notre administration pour que nous puissions nous réunir en équipe vivent souvent l'enfer. Nos classes, élèves et matériel compris, explosent en plein vol. À tel point que les brigades de notre secteur ont envoyé un courrier à notre inspectrice pour préciser qu'ils refuseraient de venir travailler dans notre école. Les collègues débutants envoyés pour des remplacements plus longs ou titulaires à l'année dans nos écoles doivent eux aussi souffrir de s'entendre dire qu'il doivent dans un premier temps « faire le deuil du pédagogique », puisque l'urgence est d'abord de rétablir un semblant de cadre, d'ordre, et pourquoi pas de sérénité. Ils ne sont pourtant ni incompétents, ni lâches, ni avares de leur temps et de leur énergie. Ils sont juste balancés sans expérience ni formation adaptées dans les endroits où le métier d'enseignant est particulièrement difficile. Ceux qui s'en sortent, généralement au prix du deuil de leur vie privée, de leur sommeil, et bien souvent aussi de leur santé, sont rares et forcent l'admiration.

Arrêtons les effets d'annonce inutiles et les péroraisons sur les dernières controverses pédagogiques. Beaucoup de pistes doivent être réfléchies et débattues, mais arrêtons l'hypocrisie et assumons que sur deux points essentiels au moins nous faisons fausse route <u>en toute connaissance de cause</u>. Il y a deux manquements essentiels sur lesquels nos œillères sont injustifiables :

1/ Nous devons proposer à chaque élève une école salubre et correctement équipée. Vous me direz que c'est l'affaire des mairies, et je vous répondrai alors que si nous nous en arrêtons là nous devons être honnêtes et accepter que notre Éducation n'est plus nationale. Depuis l'indigence si vétuste qu'elle vous insulte, jusqu'au confort esthétique confinant à la débauche technologique, nous autres enseignants savons bien à quel point d'une école à l'autre vous changez de monde. Et la triste réalité, forcément amère pour ceux qui veulent croire encore à l'école républicaine, c'est que le quotidien scolaire de nos élèves est dépendant des montants perçus et alloués par les services municipaux de leur quartier. En d'autres termes, dépendante du niveau de vie de leurs parents. Tu es pauvre, tu as une école de m…, tu es riche, tu as une belle école. En tant que citoyenne et en tant qu'enseignante, j'ai honte.

2/ Nous devons mettre en poste dans les écoles les plus difficiles de vraies équipes, des équipes stables formées autour d'enseignants expérimentés et volontaires. Tant que nous feindrons de considérer le contraire comme normal, nous continuerons de sacrifier des générations

d'enfants, augmentant l'échec scolaire et fabri-
quant des délinquants, en même temps que nous
épuiserons et dégoûterons encore plus les collègues qui entrent dans le métier. Évidemment,
tous les collègues débutants ne sont pas dépassés, tous ne rêvent pas de changer de quartier,
et certains parviennent à trouver leur posture
et leurs outils même dans un tel contexte. Mais
il est clair que, dans l'ensemble, débuter en tant
qu'enseignant aujourd'hui est souvent synonyme
de zone dite sensible, et de souffrance. Souffrance dont pâtissent les élèves, les collègues et
leur vocation.

Dans les quartiers reconnus comme prioritaires en termes de besoins éducatifs, il est injusti-
fiable d'imposer aux élèves des locaux insalubres,
sous-dotés, et des équipes flottantes où souvent
les enseignants débutants, dépassés, se sentent
seuls et subissent leur affectation en attendant
mieux.

Je nous accuse d'aggraver les inégalités sociales.
Je nous accuse de produire sciemment de l'échec
scolaire et des délinquants. Je nous accuse de
jouer avec la santé des enfants des classes sociales
les moins favorisées.

Je respecte trop mes élèves et leurs parents
pour trouver cela normal.

Je sais que ces deux axes font partie des priorités affichées de votre politique. Mais, depuis

le terrain, les discours et les tweets ne nous apportent rien, et les mesures prises ou annoncées ne sont que des cautères sur une jambe de bois, quand elles n'aggravent pas une situation déjà dramatique.

Je terminerai en vous citant. Vous avez clos votre discours sur la grande pauvreté (séminaire de formation en vue de la mise en œuvre des recommandations du rapport de Jean-Paul Delahaye *Grande pauvreté et réussite scolaire*, le mercredi 14 octobre 2015) par la question suivante :

« Ce que je fais, cela permettra-t-il à chacun de nos élèves de devenir des citoyens à part entière de la République française ? »

Clairement, aujourd'hui, la réponse est non.

Dans une société déjà malade et en crise, une éducation injuste et défaillante nous promet des lendemains difficiles. Nous nourrissons la menace d'une explosion violente et dramatique de la cohésion sociale et du sens même de la citoyenneté dans notre pays.

Je vous prie de croire en l'assurance de mes sentiments respectueux.

C. Magri
Enseignante, Marseille nord

Remerciements

Ce livre est dédié à mes sœurs Léa et Julie. Je remercie Léa, pour sa présence bleue, son écoute sincère, ses conseils, sa patience douce, son soutien, sa bienveillance... et tous ces paysages fous que nous avons traversés ensemble et en technicolor cette année. Je remercie Julie, pour m'avoir encore une fois ouvert la voie des possibles, avec ses mots, un soir de canicule sur une terrasse marseillaise. Pour son écoute et ses conseils, pour m'avoir soutenue et avoir cru en moi, pour m'avoir écoutée plutôt que jugée quand les loups hurlaient trop près du feu par une nuit d'encre.

Je remercie Yasmina Lamraoui, mon héroïne des temps modernes, pour son soutien en béton armé, pour son intelligence précieuse et ses conseils salvateurs, et pour toute l'admiration que j'ai pour elle... qui me permet de croire encore qu'agir est possible.

Je remercie tous les élèves que j'ai accompagnés, le temps d'une heure ou d'une année. Je remercie en particulier Marie et sa lumineuse maman, dont le cadeau, la lettre et le soutien ont adouci les heures grinçantes. Je remercie les collègues et amis qui m'ont soutenue dans la tourmente. Merci très fort à Claire. Merci à Yohan, William, Monsoria, Myriam. À mes amis que j'aime à la folie. À ma famille, si vaste, généreuse et présente. À mon père, Bernard Magri. À Stéphane, évidemment.

Je remercie François Azouvi et Debora Kahn-Sriber des éditions Stock pour m'avoir accompagnée sur le chemin épineux de la publication.

*Cet ouvrage a été composé
par PCA à Rezé (Loire-Atlantique)
et achevé d'imprimer en France
par CPI Bussière
à Saint-Amand-Montrond (Cher)
pour le compte des Éditions Stock
21, rue du Montparnasse, 75006 Paris
en août 2016*

Stock s'engage pour
l'environnement en réduisant
l'empreinte carbone de ses livres.
Celle de cet exemplaire est de :
500 g éq. CO$_2$
Rendez-vous sur
www.editions-stock-durable.fr

PAPIER À BASE DE
FIBRES CERTIFIÉES

Imprimé en France

Dépôt légal : septembre 2016
N° d'édition : 01 – N° d'impression : 2024735
28-07-7919/1